COCINA, COME
Y PIERDE GRASA

Obra editada en colaboración con Editorial Planeta – España

© 2021, Paloma Quintana Ocaña

© 2021, Editorial Planeta, S. A. – Barcelona, España

Derechos reservados

© 2022, Editorial Planeta Mexicana, S.A. de C.V.
Bajo el sello editorial PLANETA M.R.
Avenida Presidente Masarik núm. 111,
Piso 2, Polanco V Sección, Miguel Hidalgo
C.P. 11560, Ciudad de México
www.planetadelibros.com.mx

Diseño de interior: © Sacajugo.com
Fotografías de interior: © José Javier Gómez Díaz

Primera edición impresa en España: marzo de 2021
ISBN: 978-84-08-23828-7

Primera edición en formato epub en México: abril de 2022
ISBN: 978-607-07-8528-3

Primera edición impresa en México: abril de 2022
ISBN: 978-607-07-8530-6

Impreso en los talleres de Litográfica Ingramex, S.A. de C.V.
Centeno núm. 162-1, colonia Granjas Esmeralda, Ciudad de México
Impreso en México -*Printed in Mexico*

De la creadora de **Nutrición con Q**®

PALOMA QUINTANA

COCINA, COME Y PIERDE GRASA

RECETAS DELICIOSAS PARA UNA VIDA SALUDABLE

 Planeta

ÍNDICE

A Javi, @bfitconQ, por ser mi inspiración, enseñarme
la visión del «paciente», valorarme y terminar
ayudándome a mejorar nuestra composición corporal.
Por tu inmensa ayuda para convertir mis humildes
recetas en espectaculares, por contagiarme tu
generosidad, por ser mi compañero de vida *fit* y hacer
de ella algo mucho más divertido de lo que habría
imaginado.

INTRODUCCIÓN

Este es el libro que quería escribir para quienes quieren llevar un mejor estilo de vida. Con él quiero que descubras que, más allá de reducir tu porcentaje de grasa, la felicidad está en el cuidado personal y del entorno.

Imagina que puedes disfrutar aún más de la comida, porque la verás como un medio para darle a tu cuerpo lo que necesita, sentirte mejor, socializar y disfrutar del enorme privilegio que suponen los placeres que nos proporcionan los alimentos.

Mi propósito es transmitirte algunas claves para que retomes el control de tu salud, tu bienestar y tu felicidad.

MI PROPÓSITO

Hace unos años, me di cuenta de que era más feliz cuanta más coherencia había entre lo que sabía sobre alimentación y vida sana y lo que ponía en acción. Era más feliz cuando entrenaba y mejoraba en el deporte, cuando bailaba, cuando descansaba mejor, cuando me relacionaba con los demás y conseguía contagiarles mi entusiasmo por llevar un estilo de vida saludable. Descubrí que podía hacer de ello mi profesión, porque, aunque llevar una vida sana parece algo muy lógico, a menudo estamos perdidos en cómo hacerlo.

Considero que el deseo de cuidar de uno mismo es algo innato, pocas cosas otorgan tanta felicidad como vivir la vida cuidando de ella, lo que implica cuidar el entorno y a quienes nos rodean.

Sin embargo, me da la impresión de que algo falla. Me he vuelto muy observadora, probablemente por deformación profesional, pero también por mi deseo de querer dar respuesta a los innumerables impedimentos que me plantean mis clientes

Por aquel entonces, su padre, mi abuelo, padecía diabetes, una enfermedad relacionada con la alimentación y el estilo de vida, y sus cuidados dietéticos y, más adelante, cuidados de todo tipo, también estaban a cargo de mi madre y sus hermanos. Mi madre y mis tías Ascen y Carmen (esta última ha sido, a la práctica, mi abuela) entendieron desde niñas que, para prevenir la diabetes, enfermedades del sistema digestivo y la salud en general era importante cuidar al máximo la alimentación.

Al fallecer mi abuela, siendo mi madre aún una niña, y empeorar la salud de mi abuelo, imagino a mi madre dedicando todo su ser a ese aprendizaje forzado que le exigían las circunstancias. Yo no conocí a mis abuelos y me cuesta pensar en todo lo que ha llevado a mi madre a ser tan disciplinada y consciente de que, si alguien puede cuidarnos, somos nosotros mismos. Por eso les estoy inmensamente agradecida, a ella y a mis tías, sus dos hermanas mayores, mujeres fuertes, por haberme inculcado la preocupación por la alimentación de calidad. Ellas siempre han cuidado su dieta, y puedo decir que nunca porque les preocupara su peso. Veía en ellas una auténtica adoración por los vegetales y las frutas frescas, no me prepararon nunca repostería ni fritos y sí muchos guisos, sopas de verduras y ensaladas maravillosas. También me explicaban las propiedades de los alimentos saludables que consumíamos, así que, gracias a ellas, comer de la forma en que lo hago y predico me ha acompañado siempre, no por obligación, sino más bien por disfrute.

En este libro te voy a contar conceptos que he aprendido en mis diez años en la universidad, mis más de ocho años de experiencia laboral en el mundo de la alimentación, en mis últimos años de observación del entorno y puesta en práctica de lo que sé sobre estilo de vida saludable, pero, sobre todo, lo que he aprendido en mis treinta y dos años con mi madre. Lo que me dice, lo que recuerdo y lo que sigo aprendiendo ahora que estoy segura de que tiene grandes claves para estar en forma y vivir bien todos los años que nos sea posible. Ella me dobla la edad y, por supuesto, tiene algunas arrugas, pero su peso y composición corporal, sus buenas costumbres dietéticas y su agilidad no han cambiado casi nada en años.

INICIAMOS
LA TOMA DE CONCIENCIA

Tienes en tus manos un manual que te permitirá detectar qué aspectos de tu vida, de tu alimentación, de tu actividad física y de tus hábitos diarios necesitan mejorar. Muchas de las cosas que te voy a decir ya las sabes, por eso te ofrezco aquí, sobre todo, una guía para cuidarte en el mundo moderno. No es tarea fácil, pero vivir en un mundo un poco más saludable depende únicamente de nosotros. Quiero conseguir tres cosas con este libro: enseñarte algo nuevo, que reflexiones sobre las cuestiones que te planteo y que pases a la acción con pequeños pasos.

Esto incluye que pases a la acción en tu cocina. Cuando se trata de perder grasa, solemos pensar con frecuencia en «sufrimiento» y falta de disfrute. Yo quiero enseñarte que comer, aunque sea persiguiendo el objetivo de perder grasa, es un auténtico placer. Te enseñaré recetas sencillas y otras algo más complejas para hacer de tu alimentación algo práctico y divertido.

Toma de este manual lo que quieras, implementa primero aquello que te sea más sencillo y ve sumando. Cada pequeña acción cuenta.

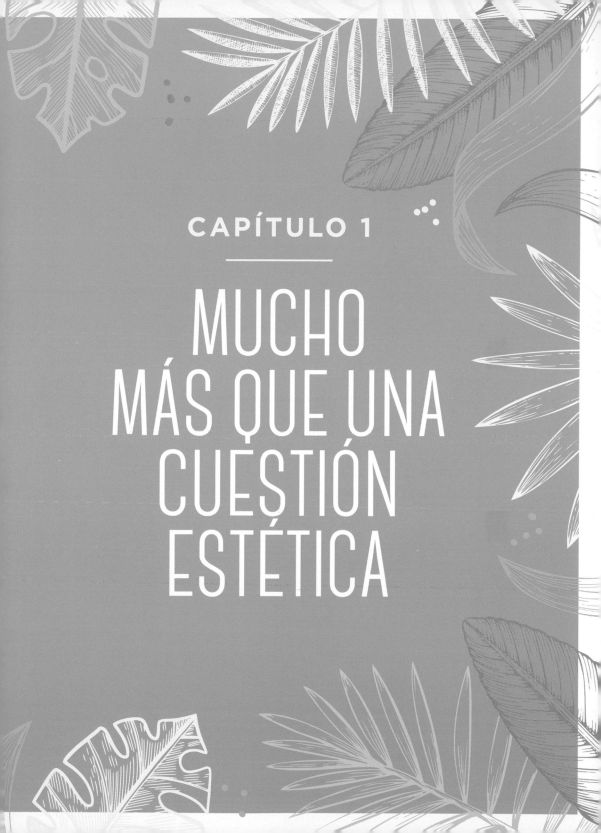

CAPÍTULO 1

MUCHO MÁS QUE UNA CUESTIÓN ESTÉTICA

Vamos a hacer un ejercicio de observación. Si puedes, sal a la calle, ve a un parque, siéntate en un banco o en cualquier avenida, ve a la playa, a la alberca, aprovecha el descanso del trabajo en la cafetería, camina por la banqueta, súbete al metro, sal y da una vuelta a tu manzana; si no puedes salir ahora, mira por la ventana o el balcón, o guarda esta actividad para mañana, o para el fin de semana. Cuanto más concurrido sea el lugar que elijas, mejor, pero hazlo, te servirá mucho para comprender lo que quiero explicarte. Vamos a observar a las personas que hay a tu alrededor, en esa playa en la que decidiste hacer el ejercicio, en el metro de camino al trabajo o en tu paseo por la calle. ¿Cuántas de ellas dirías que están saludables? No importa la edad. ¿Tienen sobrepeso? ¿Son personas con una masa muscular notable? ¿Tienen una circunferencia abdominal que te parece que se aleja de lo recomendado? ¿Con grasa a la altura del abdomen? ¿Las ves ágiles? ¿Su rostro tiene buen aspecto, sin acné y con luminosidad? ¿Tienen la mirada cansada? ¿Ojeras? ¿Mantienen una postura erguida? ¿Caminan con buen ritmo y suben las escaleras que encuentran a su paso con energía? ¿Sonríen? ¿Dirías que están en forma?

Este es un libro enfocado en mejorar tu composición corporal, que se centra en la pérdida del exceso de grasa corporal, pero, sin duda, sabes que al hacer esto vas a conseguir mucho más, vas a ganar salud. Pero ¿qué es la salud?

«Solo porque no estés enfermo no significa que estés sano.»

Vivimos más, pero no vivimos con más salud. El concepto de salud ha cambiado. A partir de cierta edad, la población vive enganchada a la sanidad actual y busca en ella la solución a todos sus males, poniendo parches y eludiendo la responsabilidad de cuidar su propia vida. Somos la sociedad más «blandita» y cómoda de la historia. Y la comodidad no es salud, por eso vivimos frustrados y enfermos. La principal causa de muerte y enfermedad en la actualidad son los malos hábitos. Nos matamos a nosotros mismos. Por eso te invito a tomar las riendas de tu vida. No puedes compensar tus malos hábitos a base de pastillas y pruebas diagnósticas. Una resonancia no te cura, un ibuprofeno tampoco. Ponemos parches a lo que tiene su solución en la mejora de los hábitos, pero no queremos escuchar esto, queremos la «pastilla mágica» que duerma nuestros males.

viéndose en un mundo cada vez más ficticio y alejado de lo que nuestra naturaleza necesita.

Alegoría de Platón

Platón, en su famosa alegoría, habla sobre unos hombres que permanecen encadenados en una caverna desde su nacimiento. Lo más curioso es que no poseen la capacidad de mirar hacia atrás para entender cuál es el origen de esas cadenas, por eso miran constantemente a las paredes que tienen enfrente y que hoy serían nuestras pantallas de televisión y celulares.

Detrás de ellos, a una cierta distancia y por encima de su cabeza, hay una hoguera que ilumina levemente la zona y, entre la hoguera y los encadenados, hay un muro. Por detrás de este muro se pasean hombres que cargan objetos que sobresalen por encima de este, de manera que su sombra se proyecta sobre la pared que contemplan los hombres encadenados, que ven la silueta de árboles, animales, montañas a lo lejos, personas que vienen y van, pero todo es falso.

Luces y sombras: la idea de vivir en una realidad de ficción

Lo que cuenta Platón se parece a la realidad de lo que vivimos nosotros, por exagerada que pueda resultar la escena, ya que ni ellos ni nosotros vemos más que esas sombras falaces, que yo a veces relaciono con los medios de comunicación, que simulan una realidad engañosa y superficial. Esta ficción proyectada por la luz de la hoguera los distrae de la realidad: la caverna en la que permanecen encadenados.

Si una persona se liberara de las cadenas y pudiera mirar hacia atrás, la realidad le confundiría y le molestaría: la luz del fuego haría que apartara la mirada y las figuras borrosas que pudiera ver le parecerían menos reales que las sombras que ha visto toda la vida. Del mismo modo, si alguien obligara a esta persona a caminar en dirección a la hoguera y más allá de ella hasta salir de la caverna, la luz del sol aún le molestaría más, y querría volver a la zona oscura. Esto mismo ocurre cuando una persona empieza a cambiar su estilo de vida. Si, por ejemplo, ahora te cuento que no hay que hacer cinco comidas, que el ayuno puede ser saludable, que un poco de frío no te enferma, sino que te hace más fuerte, y que el ejercicio será más potente para calmar tu dolor que un ibuprofeno, te molestará y volverás atrás, a tu caverna, a tu zona de confort.

Siguiendo con la persona que se ha desencadenado, para poder captar la realidad en todos sus detalles, tendría que acostumbrarse a la nueva situación, dedicar tiempo y esfuerzo a ver las cosas tal y como son sin ceder a la confusión y la incomodidad que ello le comporta. Sin embargo, si en algún momento regresara a la caverna y se reuniera de nuevo con los hombres encadenados, permanecería ciega por la falta de luz solar. Del mismo modo, todo lo que pudiera decir sobre el mundo real sería recibido con burlas y menosprecio.

¿Te suena? ¿Te ha pasado alguna vez que has empezado a cuidar tu alimentación, a no beber alcohol, a subir escaleras y se han burlado de ti? Hoy en día, cuando alguien dice algo novedoso relacionado con la nutrición, como que muchos productos que nos venden como «sanos» no lo son, que las pastillas para perder grasa no son eficaces y que el médico no sabe tanto de alimentación, a menudo se menosprecian sus ideas. «¿Vas a saber tú más que el médico? ¡Ya no vamos a poder comer de nada!». Hay que dar tiempo y tener paciencia con estas «personas encadenadas» que aún no han visto la luz fuera de la caverna.

Es fácil hacer una correspondencia entre las fases de la salida de la caverna del mito de Platón y nuestra vida actual:

1. Los engaños y la mentira

Los engaños, que pueden surgir de una voluntad de mantener a los demás con poca información o de la falta de progreso científico y filosófico, encarnarían el

CAPÍTULO 2

CONCEPTOS PARA ENTENDER LA PÉRDIDA DE GRASA

PESO, COMPOSICIÓN CORPORAL Y SALUD

Nuestro cuerpo está formado principalmente de agua y, por lo tanto, una pérdida de peso no indica necesariamente una pérdida de grasa: podemos perder peso sin perder nada de grasa. Con el paso de los años, los cuerpos pierden agua y masa muscular y ganan en porcentaje de grasa, lo que reduce nuestra calidad de vida y hace que nos veamos peor. Este proceso no está relacionado únicamente con la edad; los malos hábitos de vida, sobre todo el sedentarismo, hacen que el cuerpo «envejezca» prematuramente de este modo. Pero si sigues leyendo, quizá descubras que también puedes cumplir años y encontrarte mejor cada día, con más vitalidad.

Las personas con un porcentaje elevado de grasa corporal presentan un porcentaje de agua más bajo que, por ejemplo, los deportistas. Así que olvida todo lo que te han contado sobre la retención de líquidos: somos principalmente líquido, y eso es saludable. Es muy habitual ver en consulta a personas que confunden su exceso de grasa con un exceso de líquido corporal, cuando lo normal es que el organismo regule bien el equilibrio de líquidos y no tanto la acumulación de grasas. El cuerpo tiende a guardar las grasas de forma casi ilimitada, de distintas maneras y en distintos tejidos, como estrategia para protegernos de una posible escasez de alimento, pero también para protegernos de nuestra excesiva ingesta y su consecuente elevación de glucosa en sangre.

Nuestro **peso** corporal total suele variar a lo largo del día: depende, por ejemplo, de nuestro ciclo menstrual y de si hemos ido al baño (excreción de líquidos con orina y heces), esto pone de manifiesto que cuando perdemos agua, perdemos peso, pero esto no quiere decir que hayamos perdido grasa. Ni siquiera en las personas con obesidad, que tienen un menor porcentaje de agua en la composición corporal, se puede asegurar que una pérdida de peso por sí misma esté directamente relacionada con una pérdida de grasa.

Porcentaje de agua en nuestro cuerpo

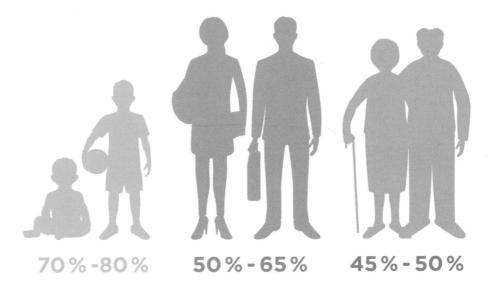

70%-80%　　50%-65%　　45%-50%

De hecho, el peso no solo no refleja el nivel de grasa corporal total, sino tampoco la cantidad de tejido adiposo visceral (VAT) ni de grasa ectópica (mayor perímetro abdominal) que suelen ser más problemáticos. Se puede deducir que hay algún problema de salud si aumentan nuestra **circunferencia de cintura y perímetro abdominal**. Una de las patologías relacionadas con estos aumentos es la mala gestión de la glucosa en sangre, que induce a un estado de prediabetes.

Por otro lado, y aún más importante, el peso no nos dice nada sobre nuestra cantidad ni calidad de masa muscular. La **pérdida de masa muscular** es una auténtica epidemia y un problema aún más grave que el exceso de grasa, y puede deberse a la falta de movimiento en general y de entrenamiento con cargas en particular, a alguna lesión o a la edad, entre otras causas. A veces pensamos que tener una buena masa muscular es solo una cuestión estética, sin embargo, es una garantía de calidad de vida, un estupendo predictor de salud.

PERDER MASA Y FUNCIONALIDAD MUSCULAR ES PERDER SALUD

Si perdemos peso a costa de perder masa muscular, no es una buena noticia, sino todo lo contrario, tanto para la salud como para la estética.

El tejido muscular se considera un órgano endocrino que regula infinidad de hormonas y consigue que todo funcione mejor en nuestro organismo. No existe terapia mejor para casi todas las patologías que el entrenamiento y la alimentación enfocados a mejorar la masa muscular. ¿Sigues pensando que lo único que quieres es perder peso, de cualquier manera?

TU BÁSCULA TE MIENTE

Muy a menudo, las personas que empiezan a cuidar su alimentación y practicar ejercicio físico notan que la ropa les queda grande y, sin embargo, que su peso en la báscula casi no se ha modificado o ha aumentado. Esto se debe a que ha aumentado su masa muscular, que ocupa menos espacio, pero pesa más que la grasa. También dicen sentirse más ligeros, algo que puede deberse a estos cambios, pero que, en mi opinión, está relacionado con darle al cuerpo más nutrientes e incluso más energía. Además, los alimentos saludables y el ejercicio mejoran la excreción de líquidos y la defecación (el estreñimiento se ha normalizado y es muy peligroso para la salud, la solución suele estar en el cambio de hábitos) y la calidad del sueño entre otras cosas. ¿Sigues pensando que lo importante es perder kilos?

Quizá tú también te has alegrado alguna vez al perder mucho peso en poco tiempo con una dieta muy estricta y baja en calorías, sin saber que todo lo que perdiste seguramente fuera agua que, al ser la sustancia más abundante de nuestro cuerpo, es la que más impacto tiene en el peso cuando varía.

Si haces este tipo de dietas severas con frecuencia o las mantienes en el tiempo, sobre todo si no haces suficiente actividad física a diario y no entrenas, la pérdida de peso también irá asociada a pérdida de masa muscular que, como ya hemos visto, es de lo peor que puede ocurrirte con respecto a tu composición corporal porque causa alteraciones hormonales y falta de energía, entre otros problemas. Además, lo habitual es que ese peso perdido se recupere rápidamente, lo que genera frustración.

El problema de los términos obesidad, normopeso, sobrepeso o bajo peso, basados en el famoso IMC, Índice de Masa Corporal, es que solo tienen en cuenta la altura y el peso, que ya hemos visto que varía a lo largo del día. Actualmente, esos referentes se consideran una mala herramienta de diagnóstico. Salvo en los tramos altos de obesidad, el IMC no dice nada y, si hablamos de obesidad, no hace falta un dato como el IMC para detectarla. En personas con obesidad, la pérdida de peso asociada a la pérdida de grasa, pero también de masa muscular, sí puede considerarse positiva al principio, ya que estas personas han generado también gran cantidad de tejido magro que acompaña a la grasa. Pero en el resto de los casos, una vez alcanzado un estado de normopeso o simple sobrepeso, debemos fijarnos en otros parámetros, dejar un poco de lado la cifra del peso y afianzar hábitos saludables.

COMPARTIMENTOS CORPORALES

No sirve de nada saber cuánto pesamos si no sabemos a qué corresponden esos kilos o gramos. El análisis de la composición corporal evita que nos centremos en el peso, porque nos dice de qué estamos hechos, y es muy interesante para definir la salud física de una persona y evaluar su evolución ante un abordaje dietético y de entrenamiento.

Así, el estudio de la composición corporal permite cuantificar las reservas del organismo para detectar y corregir problemas nutricionales como el sobrepeso o la obesidad, en las que existe un exceso de grasa, o, por el contrario, desnutriciones, en las que la masa grasa y la masa muscular están disminuidas. Así, se puede juzgar y valorar la ingesta de energía y de los diferentes nutrientes, ya que **los nutrientes de los alimentos pasan a formar parte del cuerpo, por lo que las necesidades nutricionales dependen en gran medida de la composición corporal.**

Consiste en el estudio del cuerpo humano mediante la evaluación de su tamaño, formas, proporcionalidad, composición, etc. Gracias al estudio de la composición corporal podemos comprender procesos implicados en el crecimiento, la nutrición y el rendimiento deportivo (ganancia de masa muscular, pérdida de grasa), o la efectividad de la dieta en la pérdida proporcionada y saludable de grasa y la regulación de líquidos. Nos sirve para obtener una valoración más o menos objetiva, con fundamento científico, de la morfología de las personas y de las manifestaciones y necesidades relacionadas con ella. Las habilidades motoras y el patrón de movimiento también son grandes predictores de salud, por eso este tipo de evaluaciones las debe realizar un profesional del ejercicio físico.

El cuerpo humano está formado por distintos elementos:

1. **Agua.** Constituye más de la mitad, entre el 50 y el 65 por ciento, del peso del cuerpo, y se encuentra en su mayor parte en los tejidos metabólicamente activos, como la masa muscular. Por lo tanto, su cantidad depende de la composición corporal y, en consecuencia, de la edad y del sexo: disminuye con la edad y es menor en las mujeres, y aumenta cuanto más «en forma» está la persona.

2. **El tejido magro o masa libre de grasa (MLG).** Incluye todos los componentes funcionales del organismo implicados en los procesos metabólicamente activos. Por ello, los requerimientos nutricionales están generalmente relacionados con el tamaño de este compartimento, de ahí la importancia de conocerlo. La masa muscular o músculo esquelético (40 por ciento aproximadamente del peso total) es el componente más importante de la MLG y un reflejo del estado nutricional. La masa ósea, formada por los huesos, constituye un 14 por ciento del peso total y un 18 por ciento de la MLG, aproximadamente.

3. **El compartimento graso, masa grasa o tejido adiposo.** Equivale a entre un 10 y un 30 por ciento del peso, dependiendo del individuo, y está constituido por adipocitos (células que almacenan la grasa). Se consideraba metabólicamente inactivo, una reserva, pero ahora sabemos que tiene un importante papel en el metabolismo hormonal, entre otras funciones. Según su localización se divide en grasa subcutánea, situada debajo de la piel, donde se encuentran los mayores almacenes; y grasa interna o visceral, muy relacionada con enfermedades metabólicas.

La cantidad y el porcentaje de todos estos componentes es variable y depende de diversos factores. La MLG es mayor en hombres, aumenta progresivamente con la edad hasta los veinte años, y disminuye al llegar a la edad adulta dependiendo de nuestro estilo de vida.

La masa grasa aumenta con la edad y, una vez alcanzada la adolescencia, las mujeres adquieren mayor cantidad de grasa corporal que los hombres, diferencia que se mantiene en el adulto, de forma que las mujeres tienen aproximadamente un 20 o 25 por ciento de grasa corporal, mientras que los hombres solo tienen un 15 por ciento o menos. Por cuestiones hormonales, los hombres tienden a almacenarla en el abdomen y la espalda, mientras que en las mujeres se encuentra sobre todo en caderas y muslos. Estos aspectos son importantes cuando te planteas perder grasa de una zona concreta, ya que es algo determinado genéticamente y no depende de qué ejercicios concretos realices.

Ejemplo del estado de los compartimentos
corporales de un adulto con exceso de grasa

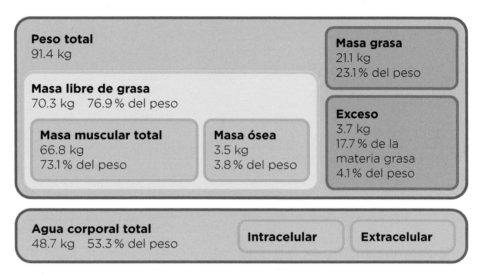

¿CÓMO MEDIMOS LA COMPOSICIÓN CORPORAL?

Existen múltiples métodos para medir la composición corporal, pero, a título informativo, te voy a explicar solo tres, que son los que más se utilizan hoy en día y también los que yo uso en consulta.

Antropometría

La antropometría estudia las dimensiones y medidas humanas con el propósito de valorar los cambios físicos y las diferencias entre razas y subrazas. Este método valora el estado nutricional empleando valores mesurables como el peso, la talla, la longitud de las extremidades, los perímetros o las circunferencias corporales, la medida de los espesores de los pliegues cutáneos, etc. A partir de estas medidas se calculan diferentes índices que permiten estimar la masa libre de grasa y la grasa corporal.

Es una de las técnicas más utilizadas para valorar la composición corporal y requiere personal muy entrenado, material normalizado y una buena estandarización de las medidas.

La cineantropometría es el área de la ciencia encargada de medir la composición del cuerpo humano. Los cambios en los estilos de vida, la nutrición, los niveles de actividad física y la composición étnica de las poblaciones provocan cambios en las dimensiones corporales.

Bioimpedancia (BIA)

En el mercado existen aparatos para la medición de la composición corporal mediante la bioimpedancia, pero no los recomiendo si no se saben interpretar los datos que proporcionan. Estas mediciones tienen que hacerse en unas condiciones especiales que se suelen pasar por alto, lo que genera resultados confusos que si, además, no se saben interpretar, dan lugar a diagnósticos y prescripciones erróneos y frustración. Los dietistas-nutricionistas somos, según una sentencia del Tribunal Supremo, los profesionales capacitados y reconocidos para ejercer la función sanitaria de pautar dietas y conducir la nutrición de una persona, pudiendo interpretar los resultados de este tipo de pruebas.

Valoración fotográfica

Esta forma de medir la composición corporal puede parecer quizá menos objetiva. Es cierto que está menos definida y que no es tan oficial, sin embargo, es la que te recomiendo sin lugar a duda para llevar a cabo en casa. Es sencilla y muy práctica, y aunque se puede malinterpretar, creo que aporta información visual valiosa.

El método consiste en realizar regularmente fotografías en unas condiciones determinadas (ayuno nocturno y, de ser posible, tras un día de descanso de entrenamiento) y con la menor cantidad de ropa posible, con iluminación y temperatura media. Cinco fotos bastan: de frente, los dos perfiles de forma relajada, de espaldas y una segunda foto de espaldas realizando una contracción muscular (brazos a 90 grados para ver el desarrollo muscular). Si quieres, puedes añadir una del rostro, que también es un buen espejo de los cambios de hábitos. Al comparar las distintas fotografías tomadas a lo largo del tiempo veremos los cambios físicos que experimentamos.

Además, es una excelente forma de autoobservación. A muchas personas les cuesta mirarse en el espejo porque ver su cuerpo no les provoca buenas sensaciones. Tener estas fotografías puede ayudarnos a tomar conciencia de cómo somos, a aceptarnos, querernos y, a la vez, motivarnos a mejorar.

Y recuerda: mírate, no necesitas pesarte. El peso nos dice muy poco de cómo está tu cuerpo. El exceso de grasa corporal, y en concreto visceral, la inflamación crónica, las alteraciones hormonales y el estado de tu intestino, por ejemplo, no se reflejan en la báscula y definen mucho más tu salud, tu estética e incluso tu estado de ánimo.

ALIMENTACIÓN, NUTRICIÓN Y DIETÉTICA

Alimentación, nutrición y dietética son tres términos distintos que, a menudo, se confunden y se mezclan sin llegar a transmitir correctamente el significado de cada uno. Por eso, creo que antes de seguir es interesante conocerlos y diferenciarlos para poder estar bien informados.

Hablamos de forma general de «nutrición», pero considero básico diferenciar bien los términos, porque con frecuencia los mezclamos. Aclarar a qué nos referimos con cada uno de ellos nos puede ayudar a entender mucho mejor la información cuando leemos o hablamos, ya que no todos los abordajes son iguales, no todo es blanco o negro ni malo o bueno, sino que cada término tiene diferentes matices que deben tomarse en cuenta. No quiero aburrirte con esta parte teórica, pero quizá te resulte interesante conocer su definición para seguir avanzando en este camino para estar en forma con más conocimiento y teniendo todos los términos en cuenta.

La **alimentación** es la forma de proporcionar al ser vivo los materiales (nutrientes) indispensables para el mantenimiento de sus funciones. Es un acto voluntario, externo, consciente y educable. Implica actividades también voluntarias, como la selección, la adquisición, la preparación y la ingesta de los alimentos. En este libro adquirirás información para mejorar tu alimentación de forma concreta.

La **nutrición** humana es un conjunto de procesos involuntarios, inconscientes y no educables mediante cambios de conducta con los cuales el organismo utiliza, transforma e incorpora en sus estructuras los **nutrientes** (sustancias químicamente definidas que se encuentran en los **alimentos**). Entre estos procesos se encuentran la insalivación, la deglución, la digestión, la absorción, la utilización y la excreción. Se trata, por lo tanto, de un proceso fisiológico, que podemos mejorar indirectamente mejorando la alimentación. Por eso, en mi opinión, no tiene sentido decir que alguien o algo va a «mejorar tu nutrición». Lo que se puede modular y cambiar es la alimentación.

La **dietética** es una disciplina científica, aunque últimamente el término se ha devaluado un poco, que aplica los conocimientos sobre nutrición y otras ciencias como la fisiología y la bioquímica humanas al diseño de dietas adecuadas (organización de la alimentación de las personas) tanto para individuos como para colectivos, en las distintas etapas de la vida, así como a diversas situaciones fisiológicas. En el caso de patologías o enfermedades hablamos de **dietoterapia**. Es por eso por lo que, a pesar de que en la práctica no siempre suceda así, no todo el mundo puede ejercer la dietética, sino que es una disciplina que solo deberían ejercer las personas con los conocimientos, las habilidades y la experiencia necesarios.

Aunque en ocasiones encontramos definiciones que mezclan los términos, por ejemplo, esta de la OMS: «La nutrición es la ingesta de alimentos en relación con las necesidades dietéticas del organismo. Una buena nutrición (una dieta suficiente y equilibrada combinada con el ejercicio físico regular) es un elemento fundamental de la buena salud», te aconsejo regirte por las definiciones que te he dado aquí, que son las acuñadas científicamente.

De este modo queda claro que la *alimentación* se ve influida por aspectos como la cultura, los gustos, las tradiciones, el comer social, el placer y la variabilidad, mientras que la *nutrición*, al ser un proceso biológico, es más parecida entre individuos.

Otra definición que quiero que conozcas es la de **bromatología**, la ciencia que estudia diferentes aspectos de los alimentos mediante ciencias básicas como la química, la biología, la microbiología y la toxicología. El estudio de esta ciencia nos diferencia a los dietistas-nutricionistas y tecnólogos de alimentos (mis dos titulaciones) de otros profesionales sanitarios. Yo me siento muy orgullosa de todos mis estudios relacionados concretamente con los alimentos, como la ingeniería alimentaria, química y bioquímica de los alimentos, microbiología alimentaria, parasitología, educación nutricional, tecnología culinaria, higiene alimentaria, legislación, etc., pero, sobre todo, de la bromatología.

La diferencia de esta última radica en que no relaciona los alimentos con su influencia en el organismo, como hace la nutrición, sino que lo hace según su composición nutricional, sensorial y cambios fisicoquímicos que se producen durante la manipulación, el almacenamiento o el cocinado.

Mi idea de **mejora de la alimentación** de las personas considera que esta no puede cambiarse solo basándonos en cálculos nutricionales aislados, sino entendiendo que es algo encajado en nuestra vida y circunstancias, algo vivo que se relaciona con nuestro entorno, anclado en nuestra esencia, con raíces en nuestra cultura y costumbres y que, sobre todo, está determinado por nuestras decisiones, en muchos casos involuntarias.

El conocimiento, que otorga poder, el deseo de estar mejor, de ser felices, el refuerzo positivo que proporciona la coherencia y el autocuidado son nuestras herramientas para el cambio. Sabes que hay cosas que debes cambiar, ya has empezado, así que no le quites importancia a lo que introduces en tu cuerpo, porque sabes que la tiene. Hazlo con calma, quiérete, acepta lo que eres y tus circunstancias, pero avanza con una sonrisa para mejorarlo. **Busca tu nutrición óptima mediante la mejora de tu alimentación, solo tú puedes hacerlo.**

ALIMENTOS Y NUTRIENTES

Conocer la diferencia entre estos dos términos es para mí lo más importante para entender qué es la alimentación saludable y hablar de nutrición con propiedad.

NUTRIENTES

Un **nutriente** es cada una de las sustancias integrantes de los alimentos útiles para el metabolismo orgánico. El aporte de nutrientes se realiza mediante la alimentación y contribuye a la realización de acciones esenciales para nuestro normal funcionamiento, por ejemplo:

* Síntesis y mantenimiento de los tejidos: células óseas, musculares, de la piel, pelo, etc.

* Trabajo mecánico y esfuerzo muscular, es decir, el movimiento en general, y el ejercicio.

* Transporte a través de membranas, impulsos nerviosos y funcionamiento de todos los órganos.

Los nutrientes pueden clasificarse según distintos criterios.

El más conocido es en función de la cantidad requerida por el organismo. Siguiendo este criterio podemos dividir los nutrientes en:

1. **MACRONUTRIENTES O PRINCIPIOS ACTIVOS.** Son los que necesitamos en grandes cantidades. Se dividen en:

    1.1. **Carbohidratos, glúcidos o hidratos de carbono.** Son compuestos orgánicos formados por carbono, hidrógeno y oxígeno. Sus funciones son energética y estructural. Se almacenan en una proporción mínima en el organismo (menos de un 2 por ciento, aunque un deportista puede acumular más a modo de reserva) en forma de glucógeno, en nuestro hígado y en músculos.

Clasificación de los carbohidratos

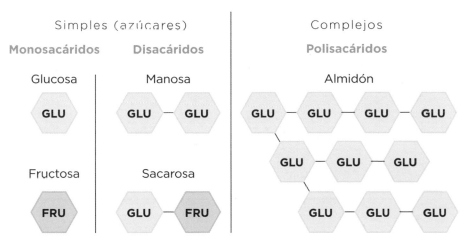

— **Simples**: monosacáridos y disacáridos. El azúcar de mesa, por ejemplo, es un disacárido llamado sacarosa que está formado por glucosa y fructosa, que son dos monosacáridos.

— **Complejos**: oligosacáridos y polisacáridos. En este grupo también se encuentran los polialcoholes, que puede que te suenen porque algunos edulcorantes, como el sorbitol, lo son. Los edulcorantes son bajos en energía, no llegan a aportar las 4 kilocalorías por gramo, pero algunos podrían ser perjudiciales para la microbiota intestinal.

1.2. Grasas o lípidos: son compuestos orgánicos formados principalmente por carbono, hidrógeno y oxígeno. Algunos ácidos grasos son esenciales para nuestra vida, cosa que no ocurre con los hidratos de carbono, por lo que podríamos pensar que estos últimos son prescindibles. Sin embargo, a pesar de que determinados macronutrientes no sean imprescindibles, los alimentos que los presentan sí pueden ser interesantes. Por ejemplo, los plátanos contienen principalmente hidratos de carbono, pero también una gran cantidad de micronutrientes muy interesantes desde un punto de vista nutricional.

La principal función de las grasas es la de reserva de energía, pero también tienen una importante función estructural, hormonal, térmica y transportadora. Así, la grasa no es una simple fuente de energía y, a menudo, los alimentos que la contienen incluyen también importantes vitaminas liposolubles, es decir, vitaminas que solo se disuelven en grasa.

En cuanto a la alimentación, es interesante diferenciar las grasas, de aspecto sólido, y los aceites, de aspecto líquido. Las grasas o aceites más comunes son los glicerolípidos, que se componen fundamentalmente de triglicéridos. Aunque esta palabra pueda sonarte mal porque alguna vez te han aparecido altos en un estudio, no es más que una forma química.

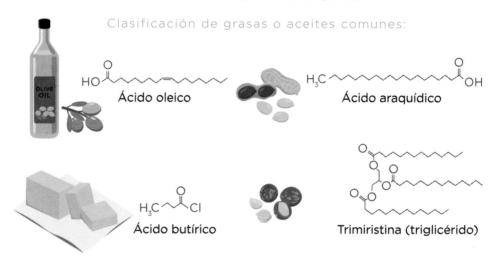

Clasificación de grasas o aceites comunes:

Ácido oleico

Ácido araquídico

Ácido butírico

Trimiristina (triglicérido)

1.3. Proteínas: son compuestos orgánicos formados por carbono, hidrógeno, oxígeno, nitrógeno y, en algunas ocasiones, azufre. Al igual que sucede, como ya hemos visto, con algunos ácidos grasos, algunos componentes de las proteínas, llamados aminoácidos, las unidades mínimas que las forman, también son esenciales para nuestra vida. Su principal función es estructural, reguladora y de transporte.

2. **MICRONUTRIENTES.** Son los que necesitamos en cantidades muy pequeñas, pero, y esto es muy importante, son esenciales para un correcto funcionamiento del organismo. No los podemos sintetizar y, por eso, tenemos que ingerirlos a través de los alimentos. Dentro de este grupo de nutrientes encontramos:

2.1. Vitaminas: son compuestos orgánicos formados por carbono e hidrógeno y, a veces, nitrógeno, oxígeno y azufre. No poseen valor energético, así que es un mito eso de que las vitaminas engordan o que necesitas vitaminas, que estás falto de energía. La función de las vitaminas es reguladora y por eso en algunos libros se refieren a los grupos de alimentos que aportan mayor proporción de vitaminas y minerales (verduras y frutas) como «alimentos reguladores», pero a mí no me gusta demasiado esta descripción, ya que los alimentos no solo regulan, sino que también aportan energía, aunque sea poca.

Curiosamente, las vitaminas se clasifican en función de la sustancia en la que son solubles, es decir, según la sustancia que las transporta:

— **Hidrosolubles:** son las vitaminas solubles en agua, como la C y el grupo de las B. En realidad, las vitaminas nunca son una sola. Como sucede con la B, el nombre remite a un conjunto de distintas moléculas: B1, B2, etc. Algunas son más conocidas, como la B12, que se recomienda suplementar en dietas vegetarianas.

— **Liposolubles:** son las vitaminas solubles en grasa, como la A, D, E o K. La importancia de consumir alimentos saludables que contengan grasas y aceites se debe, en parte, a que nos aportan estas vitaminas esenciales, solo hay que cuidar la calidad y la cantidad. La vitamina D es una excepción a esto, ya que se trata de una seudohormona que sintetizamos gracias al estímulo del sol en nuestra piel, y su aporte a través de los alimentos es muy escaso.

No hace falta que te diga que los alimentos con densidad nutricional elevada son nuestros aliados en la pérdida de grasa y la mejora de la composición corporal. Te nutren, te permiten mantener el buen funcionamiento del organismo, la vitalidad y reducen las probabilidades de que ingieras demasiada energía que se acumule en forma de reserva grasa.

En el ámbito de los alimentos con densidad nutricional baja, se habla a menudo de las **calorías vacías**. Se considera que los refrescos, el alcohol, la bollería dulce y salada, las galletas y los chocolates, las salsas ultraprocesadas y los platos pre-cocinados (por ejemplo, lasañas, pizzas o productos empanizados y congelados para freír) aportan calorías vacías, ya que apenas contienen nutrientes (o no los contienen en absoluto) y, en cambio, proporcionan una gran cantidad de energía. Hay muchos motivos para evitar las calorías vacías:

— Incrementan los factores de riesgo de diferentes enfermedades porque, entre otras cosas, aumentan la ingesta calórica directa, estimulan el apetito y reemplazan a alimentos saludables.

— No aportan nada interesante desde un punto de vista nutricional.

— Favorecen la inflamación sistémica de bajo grado.

— Disminuyen nuestra actividad física porque aportan calorías, pero no «energía», es decir, nos sentimos apáticos cuando los consumimos.

— Contribuyen al aumento de grasa subcutánea y visceral.

Por eso, a la hora de elegir un menú es más importante fijarse en la densidad nutricional que en la calórica, ya que dos comidas pueden aportar exactamente la misma cantidad de calorías, pero una ser infinitamente más interesante en el plano nutritivo. Por ejemplo:

Desayuno con densidad nutricional baja:

— Un jugo de naranja (contiene los azúcares de la naranja, pero no la mayoría de sus micronutrientes y la fibra).

— Pan blanco tostado con margarina (grasa vegetal nada saludable) y mermelada de fresa (azúcares refinados sin apenas nutrientes).

— Una magdalena pequeña (contiene harinas refinadas, grasas artificiales hidrogenadas, azúcares, nada de fibra y apenas micronutrientes).

Desayuno con densidad nutricional elevada:

— Una naranja completa (contiene más micronutrientes en su piel y pulpa, además de fibra).

— Dos huevos estrellados con jitomate natural aderezado con aceite de oliva virgen extra (grasas de calidad y proteínas con aminoácidos esenciales).

— Un café con leche entera (vitaminas liposolubles, minerales y proteínas de calidad).

El segundo desayuno aporta más nutrientes y prácticamente el mismo número de calorías, lo que demuestra que la energía medida en kilocalorías que nos aporta un alimento o el conjunto de una preparación no nos dice nada sobre si es saludable o recomendable.

Basar tu dieta en alimentos con densidad nutricional elevada es la base para convertir la alimentación en la principal aliada de tu salud y optimizar tu composición corporal. La alimentación enfocada en la pérdida de grasa se centra en alimentos de elevada densidad nutricional y baja densidad energética, por eso es fundamental que entiendas estos conceptos.

> **RECUERDA:** no existe relación entre la cantidad de calorías de un alimento y su idoneidad.
>
> **Saludable no significa hipocalórico**. Hay alimentos muy saludables que tienen muchas calorías y aportan mucha energía. Piensa en el aceite de oliva virgen: es muy calórico y muy saludable.
>
> **Hipocalórico no significa saludable**. Que un alimento o producto alimentario tenga pocas calorías no significa que no pueda tener efectos adversos sobre tu organismo, como sucede con algunos edulcorantes. Existen sustancias muy poco saludables que no aportan nada de energía.

deportivas, ya que solo el mantenimiento de la postura ya es una manifestación de fuerza. Quedémonos con esta idea.

Sabemos que entrenar la fuerza no solo ayuda a mejorar la cantidad y la calidad de masa muscular (muy interesante, como hemos visto, para aumentar el metabolismo basal), sino que también mejora la función y la biogénesis mitocondrial (lo que incrementa la obtención de energía), reduce la incidencia de la depresión y ayuda a paliarla, mejora la inflamación crónica en general, el perfil lipídico, la tensión arterial y la lipotoxicidad, aumenta la autofagia (es decir, el reciclaje celular, sobre el cual el ejercicio tiene mejor efecto que el ayuno), interviene en la regulación de hormonas como la leptina y la adiponectina, mejora la sensibilidad a la insulina y la homeostasis de la glucosa, reduce directamente la grasa visceral y aumenta la oxidación de grasas, es decir, que ayuda muchísimo al proceso de pérdida de grasa corporal. Y esto son solo algunos ejemplos de lo beneficioso que es el entrenamiento de fuerza, por lo tanto, yo te recomiendo que bases tu ejercicio en él. Y recuerda que para entrenar la fuerza no tienes que usar necesariamente pesas, sobre todo al principio, sino que puedes hacerlo con tu propio peso corporal.

LA FELICIDAD EN EL ENTRENAMIENTO DE INTENSIDAD

Entrenar con intensidad genera un refuerzo positivo en el que intervienen distintos factores hormonales y psicológicos. El esfuerzo percibido y las sensaciones que genera nos capacitan para muchos aspectos de la vida; ganamos fuerza y resistencia física y mental, y nos hace entender la vida y los placeres de otra forma. Por eso, mi consejo es que entrenes con intensidad y que saborees el éxito de tus logros.

El ejercicio de intensidad nos enseña, además, a valorar pequeños placeres. No apreciarás tan gratamente una inspiración de aire fresco hasta que no lo desees más que nada durante un ejercicio intenso, un sorbo de agua, un merecido minuto de descanso mientras tu corazón recupera la calma. Estos placeres solo los podrás disfrutar si te los ganas, no los encontrarás en la comodidad, están en el ejercicio de verdad. La comodidad te hace débil.

DEPORTE, EL JUEGO DE LOS ADULTOS

Cuando somos pequeños todos jugamos, es una actividad que forma parte de nuestra vida. Con los años, vamos perdiendo esa faceta que, además de diversión o entretenimiento, nos aporta muchos otros beneficios tanto físicos como psicológicos. Por definición, el deporte implica competir, y esa característica marca la diferencia, porque competir conlleva la existencia de una normativa y el sometimiento a la misma. Conlleva, pues, juego. Para la mayoría de nosotros el deporte es ocio y diversión, algo que no hacemos exclusivamente como ejercicio. Por supuesto, en este caso no hablamos de deporte de élite, dejemos eso a los profesionales.

Actividad física, ejercicio y deporte

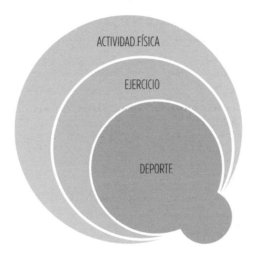

RESUMIENDO: Tu **actividad física** serían tus caminatas, usar las escaleras, ir a la compra, salir a bailar, arreglar el jardín, etc.

Tu **ejercicio** sería tu rutina de entrenamiento en el gimnasio o tus clases de *crossfit*.

Tu **deporte** serían tus partidos de pádel, de futbol, de baloncesto o de voley en la playa.

Lo ideal es, por lo tanto, que tu **movimiento** sea una suma de tu actividad diaria, una rutina de entrenamiento planificada y un deporte que te haga pasarla bien.

COMIDA REAL

Cada año doy charlas sobre nutrición en distintos cursos de primaria en un conocido colegio granadino. Hace un tiempo, después de hablar con ellos sobre la «comida real», un niño de unos seis años levantó enérgicamente la mano en el turno de preguntas e hizo una bastante buena:

—¿Por qué se llama comida real? Real es toda la comida, ¿no? Puede ser más o menos saludable, pero no creo que yo me esté imaginando la que no lo es, está ahí, es real.

Esta duda tan interesante y divertida no dista mucho de las que me presentan muchos adultos cuando tratamos el tema de qué es y qué no es comida real.

Mi respuesta a ese niño y a mis pacientes es que **llamamos comida real a la que cumple el objetivo de nutrirnos** para distinguirla de los productos alimenticios que, aunque sean comida, no aportan nutrientes y pueden llegar incluso a ser perjudiciales para el organismo, por lo que no cumplen con su función, no son comida real.

No hay que confundir la comida real con los alimentos no procesados. A veces, procesar un alimento lo convierte en más saludable. Por ejemplo: los lácteos fermentados son más saludables que la leche cruda, ya que el procesamiento al que se somete esta, tanto para fabricar leche UHT como yogur, la convierte en más segura y nutritiva. La comida real tampoco está relacionada con el hecho de cocinar o no un alimento. Consumir algunos alimentos crudos, como vegetales y frutas, es muy saludable, porque se mantienen sus micronutrientes en un porcentaje muy elevado, pero hay otros muchos alimentos que son más nutritivos cocinados. Por ejemplo: un huevo crudo presenta una carga bacteriana patógena elevada que nos puede hacer enfermar y también sustancias que merman su capacidad de nutrirnos. Ambas circunstancias se solucionan al cocinarlo.

Sin embargo, sí podemos afirmar que los alimentos ultraprocesados no son «comida real». Así, lo que debemos tener en cuenta a la hora de decidir qué es y que no es comida real es si el proceso que ha sufrido el alimento ha respetado su composición nutricional o, por el contrario, ha mermado sus capacidades nutritivas y efectos beneficiosos de manera que el alimento ejerce efectos negativos en quien lo consuma.

Como dice el investigador Carlos Monteiro en su artículo «Nutrition and health. The issue is not food, nor nutrients, so much as processing» (Nutrición y salud. El problema no es la comida ni los nutrientes, sino el procesamiento): «Desde el punto de vista de la salud humana, en la actualidad la división más destacada de alimentos y bebidas es en términos de su tipo, grado y propósito de procesamiento. El mejor consejo dietético es basar las dietas en alimentos frescos y mínimamente procesados, y en platos y comidas preparados a partir de tales alimentos. Si el objetivo es prevenir enfermedades y mejorar el bienestar, el mejor asesoramiento personal sobre productos ultraprocesados, independientemente de sus perfiles nutricionales, es evitarlos o al menos minimizar su consumo».

Así, entendemos como alimentos ultraprocesados aquellos que han sufrido una mayor pérdida de nutrientes, contienen azúcar y sal añadidos en exceso y grasas modificadas nada recomendables, ya que alteran las membranas celulares. Estas dos últimas características hacen de los alimentos ultraprocesados un auténtico peligro, ya que aumentan su palatabilidad, es decir, son alimentos que nos resulta «agradable» consumir e, incluso, generan cierta adicción, ya que dificultan nuestra percepción del hambre y la saciedad, lo que nos impide controlar del todo su ingesta y, al mismo tiempo, desplaza la de otros alimentos más recomendables.

Yo descubrí el concepto de «comida real» hace casi una década, gracias a mi querido y admirado Marcos Vázquez, con quien descubrí a Tim Noakes. Este científico y atleta sudafricano aseguraba que había errado al recomendar el consumo de grandes cantidades de carbohidratos a los atletas. A mí, como apasionada de la nutrición deportiva, esta afirmación me llamó muchísimo la atención. Noakes desarrolló sus ideas en el libro *The Real Meal Revolution* (La revolución de la comida real) y, aunque actualmente no estoy de acuerdo con todo lo que en él postulaba, para mí fue una puerta de entrada a otras ideas y conceptos, como la alimentación evolutiva o dieta paleo.

Cuando descubrí esta dieta me tatué las palabras «Real Food» dentro de dos zanahorias, que para mí simbolizan la idea de comer de manera simple y saludable. Las zanahorias son sencillas, versátiles, las he comido desde pequeña y sustituyen al pan en mis comidas, algo que intento transmitir a mis pacientes. Para mí la «comida real» es eso, una forma de comer más simple, que puede ser la llave para que la población coma de una forma más saludable.

Comida real era la que hacía mi madre, que no se dejaba seducir por los productos alimenticios y prefería elaborar recetas simples con materias primas saludables y el mínimo tratamiento culinario. Nunca la vi encender el horno para hacer un panqué para merendar, prefería hacerme una tortilla francesa, darme una pieza de fruta y, como *snack* o botana, palitos de zanahoria. Valían para tomar algo fresco en verano, llevar a la playa o la alberca y tomar junto a la comida o la cena. La zanahoria cortada en palitos es mi imagen de comer en casa, no necesito nada más, es perfecta. Por eso me la tatué cuando cambió mi mentalidad en torno a los hábitos dietéticos.

¿ES MALO INCLUIR COMIDA «NO REAL»?

No existe una única respuesta para esta pregunta, ya que dentro de la comida «no real» encontramos una amplia gama de grises y todo debe adaptarse a las circunstancias individuales. Vamos a ver un ejemplo que suele darse bastante en el mundo de la nutrición deportiva: la proteína de suero en polvo. Consiste en un producto procesado que se obtiene de la leche de vaca, se encuentra fácilmente en el mercado como suplemento alimenticio y cuyo consumo está avalado por innumerables estudios tanto para deportistas como para otros individuos que pueden beneficiarse de un producto que es muy nutritivo y fácilmente asimilable por el organismo.

¿Es más saludable la leche entera que la proteína de suero porque la primera es «comida real» y la segunda es un producto más procesado? Pues depende. En general diría que sí, pero no se trata de sustituir una por otra, porque las aplicaciones de la proteína de suero son diferentes y, sin duda, es un buen recurso dietético.

Por otro lado, comer exclusivamente «comida real» es una utopía. Al fin y al cabo no podemos acabar con la industria alimentaria (de hecho, no nos conviene), ni eliminar completamente del mercado los productos y las preparaciones menos saludables. Por tanto, hagamos lo que hagamos, en cualquier dieta va a acabar apareciendo comida «no real». Y esto tampoco es malo de por sí. Lo importante es basar nuestra alimentación en la comida real y tener en cuenta que la comida menos saludable, sobre todo la que nos produce disfrute gastronómico, no nos nutre tanto, pero podemos disfrutarla igual, eso sí, siendo coherentes con lo que sabemos y actuando en consecuencia.

Ahora, si me preguntas si creo que comer únicamente comida real es la solución al problema actual de alimentación y malnutrición imperante te diré que sí. Soy una fiel defensora de que a la población le iría mejor comiendo únicamente comida real, pero también soy consciente de que la comida no es lo único que ha cambiado en los últimos siglos.

La falta de movimiento, de descanso, el aumento del estrés y la hiperdisponibilidad de los productos alimentarios ultraprocesados y de comida en general, entre otros muchísimos factores, han alterado nuestro organismo. La comida real ayuda, por supuesto, pero es una solución que se suele quedar corta. Como ya habrás entendido, debemos cuidar muchos más aspectos de nuestra vida.

CAPÍTULO 3

MITOS EN TORNO A LA PÉRDIDA DE GRASA

LAS DIETAS
NO ENGORDAN

E l término **dieta**, y todo lo que engloba, está muy mal visto últimamente. Sin embargo, a mí me encanta, porque define lo que comemos y las variables que lo rodean. Por eso yo defiendo el uso de la palabra *dieta* dejando claro su significado, y no estoy del todo de acuerdo con frases del tipo «las dietas engordan», «hacer dieta genera trastornos de la conducta alimentaria» o incluso «no hay que hacer dieta, lo importante es mejorar el estilo de vida». Para lograr un cambio o una mejora en el estilo de vida e instaurar mejores hábitos es necesario planificar la alimentación, y esto significa hacer una dieta. Es cierto que esas frases suenan modernas y revolucionarias, y, efectivamente, comparto su significado de fondo, pero la dieta, tanto en su definición básica como en su definición como herramienta para mejorar la alimentación de una persona, es algo positivo.

De hecho, dieta hacemos siempre, porque **la dieta es el conjunto de alimentos que tomamos.** Nuestra dieta puede estar compuesta de alimentos menos procesados y más saludables, puede ser vegetariana, mediterránea, excluir lácteos, estar repleta de alimentos poco saludables, etc., es decir, siempre llevamos a cabo una «dieta».

Resumiendo, me gusta reivindicar el término *dieta*, que ha sido utilizado demasiado a menudo para describir prácticas peligrosas en torno a la alimentación, vender productos fraudulentos y otros engaños. Reivindico el concepto «dieta» ante la idea obsesiva de que para perder grasa debe haber una dieta con etiqueta, con una formulación ideal como solución mágica para poder remediar las alteraciones negativas en la composición corporal, sin entender lo complejo del asunto. Cuando decimos: «La dieta tal, el milagro antigrasa», como si de un nuevo limpiador de cocinas se tratase, no hacemos más que enturbiar el concepto, generar confusión en torno a lo que es una alimentación saludable y reforzar la idea de que siguiendo un guion extraño durante un corto periodo de tiempo tendremos la solución eterna.

QUÉ PASA CON LAS DIETAS DE ADELGAZAMIENTO

Muchas de las frases que hemos citado antes se refieren, de hecho, a las denominadas dietas de adelgazamiento. Como es probable que hayas intentado perder peso con ellas en los últimos años, quiero dedicar un momento a hablar sobre el tema y a explicar por qué puede que no te hayan funcionado.

Solo existen dos tipos de dietas de adelgazamiento: las mal planteadas y las que resultan óptimas para reducir el porcentaje de grasa corporal.

Cuando hablo de dietas «mal planteadas» me refiero a aquellas que, aunque hacen perder peso, tienen más efectos negativos que positivos. Ejemplos de esto son las dietas milagro (dieta de la alcachofa, del grupo sanguíneo, disociada...); las muy restrictivas, que provocan deficiencias en nutrientes y generan ansiedad por la comida; las basadas en suplementos para adelgazar y batidos sustitutivos; las que consisten en beber jugos; las que no se adaptan a tus gustos y preferencias ni a tu estilo de vida y son imposibles de seguir, entre otras. Como ves, estas dietas te hacen dar un paso atrás en la mejora de la alimentación y te llevan a pensar que hay que seguir protocolos extraños para conseguir estar saludable o perder grasa y, por eso, no son nada recomendables.

En el otro extremo está la dieta óptima para reducir tu grasa corporal, que has obtenido tras acudir a tu dietista-nutricionista, que te ha proporcionado una pauta dietética nutritiva adaptada a tus necesidades, gustos y bien planteada y, además, te apoyará, resolverá tus dudas y te ayudará a adaptarla, acompañándote en el proceso. Puede que también hayas llevado a cabo antes una dieta de este estilo y no hayas obtenido los resultados esperados. Esto se debe a que, como ya hemos visto, la dieta por sí misma no sirve para mejorar tu composición corporal, sino que hay que moverse e introducir otros cambios en el estilo de vida.

CALORÍAS Y QUEMAGRASAS

Ha llegado el momento de hablar sobre «calorías», es decir, la energía que aportan los alimentos, su aporte energético, que se mide en calorías o julios. Cuando estudiaba en la universidad teníamos bombas calorimétricas, unos artilugios fascinantes en los que «quemábamos» los alimentos y veíamos la cantidad de energía que liberaban, las calorías del alimento.

Haciendo estos experimentos me planteé las variaciones que podían darse entre la energía que se liberaba en esa máquina y la que se liberaba en el organismo ya que, aunque las máquinas están ajustadas a la metabolización real en el cuerpo, las calorías no son más que un dato orientativo. Así, la cantidad de calorías que figura en la etiqueta de un alimento es una aproximación obtenida en un laboratorio y, además, esa energía tiene un impacto muy diferente en un humano si viene de una alcachofa o de una rebanada de pan.

De todos modos, cualquier alimento que consumamos nos va a proporcionar energía. Por otro lado, pensar que un alimento va a «quemar grasa» es un poco ridículo, dejando de lado que la grasa, en realidad, no se quema, sino que se oxida.

Este mito nace del hecho de que el cuerpo gasta energía para digerir los alimentos (lo hemos mencionado antes, es la termogénesis inducida por los alimentos). Según esta idea, los alimentos muy bajos en energía, pero complicados de digerir, como el apio, gastarían más energía de la que aportan. En la práctica, sin embargo, esto no tiene relevancia, ya que centrar nuestra alimentación exclusivamente en alimentos extremadamente bajos en energía es insostenible e ilógico.

Lo que sí es cierto es que, si comparamos una comida compuesta por ultraprocesados con otra comida con exactamente el mismo valor calórico y distribución de macronutrientes, pero compuesta por comida real, la segunda generará mayor gasto calórico durante la digestión, lo que constituye otra de las innumerables ventajas de comer materias primas poco procesadas. Pero no hay que llevar esta idea al extremo. Nunca vamos a gastar tanta energía en la digestión como para que supere la ingesta, pues el porcentaje de energía que se gasta en la digestión es real, pero pequeño.

En cuanto a los suplementos enfocados a la pérdida de grasa, estos son, en general, de poca ayuda y hay muy pocos que se hayan demostrado realmente eficaces. El más estudiado, seguro en la mayoría de las personas a dosis determinadas, económico y legal es la cafeína, tanto en forma de suplemento como en nuestros amados cafés y tés, así que puedes usarla como complemento antes del ejercicio para maximizar la oxidación de grasa, pero recuerda que no tiene ningún efecto por sí sola, debe estar asociada a un déficit calórico y a la práctica de ejercicio.

CÓMO ACTIVAR EL PROCESO DE PÉRDIDA DE GRASA

Cuando hablamos de pérdida de grasa, sabemos que influyen en ella infinidad de variables. Sin embargo, no podemos obviar que, para avanzar en el proceso, es básico generar un déficit energético, es decir, gastar más energía de la que consumimos.

Otro elemento que participa enormemente en el proceso de pérdida de grasa son las **hormonas** ya que estas influyen en los **adipocitos**, las células que acumulan la grasa en nuestro organismo. Quizá crees que los adipocitos son meros almacenes, pero no es así, podríamos considerarlos auténticas células endocrinas, es decir, que participan en la regulación hormonal. Sin entrar en más detalle, quiero que quede claro que el déficit calórico puede activar mecanismos de oxidación de grasa, pero que este proceso está también influido por procesos hormonales complejos.

Esta sería la lista de prioridades a la hora de establecer un plan para perder grasa y mejorar la composición de nuestro cuerpo:

1. **Generar un déficit calórico y organización de macronutrientes**. Si sigues mis recetas, no tendrás, en principio, que hacer ningún cálculo, ya que en ellas indico cuáles te ayudan a provocar ese déficit y, además, están equilibradas en cuanto a nutrientes, con proteína, una cantidad moderada de grasa de calidad e indicaciones al respecto de la cantidad de hidratos de carbono. Además, todos los alimentos que incluyen son de densidad nutricional elevada, con muchos micronutrientes.

2. **Primar la calidad nutricional de los alimentos** que componen nuestro menú.

3. **Seguir un horario y planificar las comidas.**

4. **Suplementos.** Como hemos visto, estarían en el último lugar en estas prioridades, ya que pueden ser una ayuda, pero los demás puntos son más importantes.

DIETA PALEO

Cuando hablamos de alimentación evolutiva, conocida popularmente como dieta paleo, basada en los alimentos más consumidos antes de la revolución agrícola, no nos referimos a una dieta como tal, con una estructura reglada de alimentos, porcentajes de macronutrientes inalterables y normas estrictas para cumplir durante un periodo de tiempo, sino a un marco conceptual. Como explica muy bien Maelán Fontes, investigador de la Facultad de Medicina de la Universidad de Lund (Suecia) y mi mayor referente en el estudio de este tipo de alimentación, la dieta paleo busca replicar **un «ambiente» al que estamos más adaptados,** lo que incluye, aparte de la alimentación, otros factores como la actividad diaria, el sueño y el descanso, la ausencia de tóxicos y estrés crónico y la exposición solar siempre que sea posible. Sin embargo, aquí vamos a centrarnos en la parte relativa a la dieta, los alimentos que incluye y su forma de prepararlos.

Uno de los problemas que presenta la dieta paleo es que no todas las poblaciones están igualmente adaptadas a los mismos alimentos. Sin embargo, sí existe consenso y evidencias al respecto de la recomendación de eliminar los tóxicos, como el tabaco y el alcohol, y los alimentos ultraprocesados. Más controvertida resulta la eliminación por parte de esta dieta de los lácteos, los cereales y las legumbres, sobre todo en nuestro contexto cultural, donde les tenemos cierto apego potenciado, además, por el marketing, en el caso de los cereales.

Existe una justificación para esta eliminación, pero me parece importante aclarar que no todos los lácteos ni todos los cereales son iguales. Por eso, mi consejo es eliminar en primer lugar de la dieta los cereales refinados: galletas, bollería, pasta y productos de panadería. En cambio, podemos tomar esporádicamente productos menos procesados, como arroz, hojuelas de avena integrales o maíz entero sin procesar, para hacer unas tortitas o unas palomitas caseras.

Respecto a los lácteos, si te sientan bien, te recomiendo consumir preferentemente fermentados, como queso, yogur natural sin azúcar, kéfir, queso tipo *skyr* y, si sueles tomar leche, que sea entera o semidesnatada. También es interesante que algunos de los lácteos que consumas sean de cabra y oveja. Si decides no consumir leche, no te preocupes, no contiene ningún nutriente que no puedas encontrar en otros productos. Las semillas de ajonjolí o las pequeñas espinas del pescado (como las de las sardinas) también contienen grandes cantidades de calcio.

En cuanto a las legumbres, en mi opinión, salvo que decidas adoptar la dieta paleo de manera estricta o tengas alguna patología relacionada con su consumo, yo no las eliminaría de la dieta, ya que son una buena fuente de proteína vegetal y fibra. Cocínalas de forma adecuada, dejando en remojo las que lo requieran, y no tendrás de qué preocuparte.

¿LA DIETA PALEO AYUDA A PERDER PESO?

La dieta paleo no es una dieta baja en carbohidratos o de adelgazamiento, como se la considera últimamente. Llevar una alimentación basada en la evolución puede ser más saludable, pero si no está bien estructurada y genera un déficit calórico, no te ayudará a perder grasa. Comer saludable y seguir comiendo demasiado no es incompatible.

La dieta paleo no define un patrón concreto de calorías, distribución de macronutrientes ni tipo concreto de alimentos, solo consiste, como ya hemos visto, en la ingesta de aquellos alimentos a los que, según la evolución, estamos más adaptados. Ante algo tan abierto, cualquier individuo podrá configurar su dieta, que no tiene por qué conllevar una pérdida de grasa. Esta flexibilidad me parece muy interesante y positiva, y un gran punto de partida para quien quiera empezar a comer mejor e, incluso, perder grasa.

Lo que sí es cierto es que un elevadísimo porcentaje de la población que empieza a comer de este modo disminuye de peso por pérdida de grasa corporal. ¿A qué se debe este fenómeno? Lo cierto es que en la sociedad actual se come tan mal y se siguen unos hábitos tan nocivos que, al eliminar alimentos que nos están enfermando (ultraprocesados) y adquirir hábitos de vida relacionados con los principios paleo, la composición corporal se altera de manera natural, pierde grasa e, incluso, si la persona se mueve más, aumenta su masa muscular.

Estos son los factores que influyen en la pérdida de grasa con la dieta paleo:

1. **La reducción o eliminación de los azúcares simples, las harinas refinadas y las grasas hidrogenadas**, entre otros aditivos presentes en los alimentos ultraprocesados, proporciona mejores sensaciones de saciedad y está íntimamente relacionada con la pérdida de peso y la mejora del entorno hormonal.

2. **El aumento de consumo de proteínas de calidad**. La dieta paleo no es por definición una dieta hiperproteica. Sin embargo, hoy en día, la población no incluye suficiente cantidad de proteínas en su alimentación y estas proceden, a menudo, de productos cárnicos procesados, más nocivos y menos saciantes. En cambio, al priorizar el pescado, incluido el pescado azul, las carnes de calidad, los huevos, los frutos secos y las semillas, no solo se aumenta la cantidad, sino también la calidad de las proteínas ingeridas, lo que sabemos que ayuda bastante a la mejora de la composición corporal.

3. **Una mayor ingesta de vegetales, frutas y tubérculos**. Esto presenta innumerables ventajas, ya que hoy en día sabemos que es la clave para mantener una buena salud y prevenir el riesgo de padecer muchísimas enfermedades. Y es que, si limitamos el consumo de alimentos ultraprocesados, aumenta irremediablemente el de estos alimentos tan saludables. Al hacerlo, consumimos más fibra y micronutrientes de interés y la consecuencia de esto es también una mejora del porcentaje de grasa.

4. **Nos movemos más**. Quizá te preguntes qué tiene eso que ver con la dieta. Pues muchísimo. Primero porque cuando te interesa un concepto así es porque te interesa cuidar tu salud global y empiezas a cuidar más el entrenamiento. Pero, sobre todo, es porque cuando llevas una mejor alimentación, la actividad diaria también aumenta de manera natural, porque el organismo te «anima» a moverte, estamos más activos, mejor nutridos y salimos de ese letargo que en muchas ocasiones nos provoca el exceso de hidratos de carbono refinados y otros productos nada recomendables.

5. **Descansamos más y mejor**. La correcta distribución de los alimentos, ya que este modelo promueve y facilita que no estés todo el día comiendo, como pretende la industria, favorece la actividad, pero también, gracias al ajuste hormonal y la mejora de ciertas dolencias, favorece mejores hábitos de sueño y que este sea algo más reparador.

En mi experiencia asesorando cambios en la alimentación de las personas, observo que, efectivamente, con la dieta paleo se come menos, ya que la disponibilidad de alimentos más cercanos a su forma nativa es menor y esto, a pesar de lo que podríamos pensar, es una ventaja. Al fin y al cabo, no es normal ni saludable tener a nuestro alcance tantos productos para comer a todas horas, sin necesidad de preparación, listos para ingerir, hiperpalatables y poco saciantes, ya que esto crea una relación muy nociva con nuestra alimentación, que, a la vista está, solo causa problemas.

Esta reconciliación con los alimentos que de verdad nos cuidan, nos nutren y nos hacen felices tiene como efecto colateral la pérdida de grasa, pero, como ves, no es el fin único ni el objetivo principal de la dieta paleo.

AYUNO INTERMITENTE

COMER CINCO VECES AL DÍA

En mi primer año de carrera cursé Bioquímica, una asignatura fascinante, compleja e indispensable. Mi profesora dijo una vez en clase algo que nunca olvidaré: «Si pretenden saber de nutrición y dietética sin estudiar bioquímica, sabrán lo mismo que todas esas revistas del quiosco y programas basura de televisión; sin bioquímica, no podrán ser buenos nutricionistas».

Ya entonces estaba extendida la teoría de las cinco comidas diarias como algo indiscutible. De hecho, en otras asignaturas, como dietética, debíamos planificar nuestros menús basándonos en ella. Con dieciocho años y mis pocos conocimientos sobre metabolismo, me fascinó la importancia de la **insulina**, clave para la obtención de energía por parte de todas nuestras células, pero más me fascinó descubrir el **glucagón,** una hormona que se activa cuando el cuerpo necesita más energía, como cuando hacemos ejercicio. El glucagón estimula la obtención de energía liberando la glucosa almacenada en el hígado en forma de glucógeno y promoviendo la síntesis de glucosa a partir de otros hidratos de carbono. Pero lo que más me interesó de esta hormona, porque creía que podía ser clave para la pérdida de grasa, es que el glucagón **estimula la liberación de grasas para obtener energía a partir de ellas**, y que este mecanismo se anula cuando ingerimos cualquier cosa, porque entonces ya hay glucosa en sangre y no hace falta más glucagón. Además, para que se active el glucagón tiene que haber acabado la digestión, es decir, que una vez que hemos comido, aún tienen que pasar unas cuantas horas. Si esto era así, ¿qué sentido tenía entonces estar comiendo todo el día? Al fin y al cabo, si comemos cinco veces al día, ¿no se lo ponemos muy difícil al organismo para acceder a las reservas energéticas? Pero cuando pregunté a varias de mis profesoras al respecto me respondieron que la recomendación de las cinco comidas al día ayudaba a reducir la ansiedad por la comida. ¿No sería mejor gestionar esa ansiedad?

Es una idea extendida. Hace poco, en un estudio con referencias de 2004 y 2012, leí esta introducción tan desafortunada: «Ingerir alimentos entre las comidas principales es uno de los secretos de la nutrición para mantener una alimentación saludable. La explicación es muy sencilla: cuando se realizan almuerzos y meriendas, se tiene menos ansiedad al comer y no se recurre al muy conocido picoteo, y con ello nuestro organismo se regula». Y digo yo, ¿para evitar el «picoteo» planificamos comer más veces al día, aunque no dejemos en paz a nuestro sistema digestivo ni permitamos a nuestro cuerpo usar sus reservas, porque le damos comida a todas horas? No estoy para nada de acuerdo.

Así que resulta que, ya en 2006, cuando inicié mis estudios, se asumía que nuestra relación con la comida es tormentosa y, más que atender a la lógica, la evolución y la fisiología, mejorar el patrón de alimentación para que fuera saciante y contribuyese a una mejor salud y una optimización de la composición corporal, usando las reservas de glucógeno y grasa, se recomendaba usar la comida para «calmar» y evitar la ansiedad.

Esto es solo un ejemplo de cómo, durante mi primer año de estudios relacionados con la nutrición y desde la máxima ignorancia, la lógica ya me hizo comprender que la dietética que me impartían, y en concreto esta recomendación, no gozaba de sentido fisiológico, sobre todo cuando el objetivo es la pérdida de grasa.

Sabemos que detrás de esta recomendación de colaciones entre las dos o tres comidas principales se encuentra la industria de los ultraprocesados, que se lucra con la venta de *snacks* para comer cuando «no toca», es decir, cuando seria más beneficioso esperar para llegar con hambre a la siguiente comida y comer alimentos nutritivos y poco procesados. Sócrates decía: «La mejor salsa es el hambre», es decir, que, si llegásemos con hambre real a las comidas, disfrutaríamos de preparaciones más sencillas, con materias primas, y no necesitaríamos tantas grasas artificiales, azúcar, sal y alimentos ultrapalatables que nos resultan ricos, porque somos incapaces de comer un plato de verduras porque no nos «gusta». Comer menos veces nos daría tiempo y claridad mental para elegir mejor, cocinar y disfrutar del momento de la comida y, por supuesto, favorecería el déficit calórico.

AYUNO INTERMITENTE Y RESTRICCIÓN CALÓRICA

Es importante dejar claro que, a lo largo de la historia, el ser humano ha realizado periodos de ayuno por necesidad, porque no había comida disponible constantemente como ahora. Hemos evolucionado con el ayuno, por lo tanto, no hay que temerlo como si fuera algo nuevo y desconocido, no lo es. Incluso se ha usado en otras épocas para el tratamiento de enfermedades.

El **ayuno** consiste en la abstinencia voluntaria de la ingesta de alimentos durante un periodo determinado de tiempo. Es una práctica muy conocida asociada con muchas tradiciones religiosas y espirituales. De hecho, se hace referencia a ella en el Antiguo Testamento, así como en otros textos antiguos como el Corán. En los seres humanos, el ayuno consiste en no ingerir comida o calorías, aunque sí bebidas sin calorías, durante periodos que típicamente van desde las doce horas a las tres semanas. Los musulmanes, por ejemplo, ayunan desde el amanecer hasta el anochecer durante el mes de Ramadán, mientras que los cristianos, los judíos, los budistas y los hindúes llevan a cabo tradicionalmente ayunos más cortos. Existen, por supuesto, formas extremas de ayuno que pueden causar un deterioro de la situación metabólica y la muerte, pero no nos interesan para nuestros objetivos. El ayuno del que vamos a hablar no entraña estos riesgos.

El ayuno es diferente de la **restricción calórica** (CR, por sus siglas en inglés), en la que la ingesta diaria de calorías se reduce crónicamente hasta en un 40 por ciento, pero se mantiene la frecuencia de las comidas.

Mientras que a la mayoría de la población le puede costar mantener un periodo prolongado de ayuno, es relativamente fácil seguir un protocolo de **ayuno intermitente** (IF, por sus siglas en inglés). Este protocolo se define normalmente por una restricción total o parcial en la ingesta de energía (entre un cincuenta y un cien por ciento de la ingesta energética diaria total) entre uno y tres días a la semana; o una restricción completa del consumo de energía durante un periodo concreto del día, que se extiende al ayuno durante la noche, es decir, sumamos unas horas más al ayuno que ya hacemos mientras dormimos. Algunos estudios científicos han estudiado este tipo de protocolos durante el mes sagrado del Ramadán, que varía de acuerdo con el calendario lunar. Los efectos del Ramadán han sido ampliamente investigados, no solo en cuanto a salud, sino también en el rendimiento deportivo.

El ayuno intermitente es una estrategia bastante en boga últimamente, tanto entre personas que quieren perder grasa como en individuos que simplemente quieren aprovechar sus ventajas. Sin embargo, lo cierto es que **la mayoría de los beneficios que se asocian popularmente con el ayuno intermitente derivan de la restricción calórica**, aunque lo primero no implique necesariamente lo segundo, ya que el ayuno intermitente solo reduce o suprime el consumo de alimentos y bebidas con calorías durante los periodos de ayuno, pero se puede llegar a consumir en las horas de alimentación una cantidad de energía que no permita inducir un déficit calórico. Por eso los estudios suelen centrarse en la restricción calórica, independientemente de los protocolos de ayuno que se apliquen.

Restringir las calorías hoy en día es una tarea complicada, por eso el ayuno intermitente puede ser tu alternativa porque, como acabamos de ver, conlleva beneficios similares sobre la salud y la pérdida de grasa.

AYUNO

Todo el mundo realiza un pequeño ayuno diario. Consideramos ayuno el estado en que nos encontramos al levantarnos, pues han pasado al menos ocho horas desde nuestra última ingesta de alimentos, a no ser que cenemos muy tarde, durmamos escasas cinco horas y comamos nada más levantarnos, lo que tiene implicaciones muy negativas en nuestros ritmos circadianos, interfiere en nuestra salud y puede dificultar la pérdida de grasa.

Probablemente has oído hablar de los múltiples beneficios de alargar este ayuno nocturno, o, por el contrario, quizá sigues pensando que esta estrategia es algo extraña y que puede, incluso, ser peligrosa.

Se ha observado que el ayuno imita los ciclos humanos de festines y hambrunas, es decir, los momentos de abundancia y de escasez de alimentos de la era paleolítica y posteriores. En consecuencia, se ha postulado que los humanos han desarrollado vías metabólicas que alternan los ciclos de hambruna y gran actividad física con ciclos de descanso y se ha propuesto que tales mecanismos de adaptación forman parte de un genotipo económico necesario para la supervivencia durante la escasez de alimentos, que protege las reservas de lípidos y glucógenos musculares, así como la masa corporal magra (es decir, la proteína corporal) durante el ayuno, mientras que repone las reservas de combustible durante la realimentación. Se ha demostrado también un aumento de la sensibilidad a la insulina de todo el cuerpo después de dos semanas de ayuno intermitente, lo que significa una mejor metabolización de nutrientes y más capacidad para «consumir energía», lo cual es positivo para la salud y para un proceso de pérdida de grasa.

Beneficios del ayuno para la salud y pérdida de peso

El doctor Mark Mattson, neurocientífico de la Johns Hopkins Medicine y uno de los mayores expertos mundiales en el ayuno, afirma que el ayuno es una práctica saludable que favorece el cuidado cerebral.

Existen más evidencias que sugieren que, en general, podría suponer una herramienta útil para mejorar la salud de la población, ya que mejora los lípidos en sangre y el control glucémico, reduce la insulina circulante, disminuye la presión arterial, los marcadores inflamatorios y reduce la masa grasa incluso en periodos cortos de ayuno.

Estos efectos están probablemente mediados por cambios en las vías metabólicas y procesos celulares, tales como la resistencia al estrés, la lipólisis y la autofagia.

AYUNO INTERMITENTE Y PÉRDIDA DE PESO

La heterogeneidad en la evidencia actual limita la comparación del ayuno intermitente con otras estrategias de pérdida de peso, aunque parece prometedora como intervención, incluso en atención primaria, para la obesidad. Sin embargo, se sabe poco sobre su sostenibilidad a largo plazo y los efectos sobre la salud, aunque hay interés al respecto en la comunidad científica.

En una revisión sistemática (consiste en recopilar los artículos científicos más usados de una disciplina para resumir la información que se conoce acerca de un determinado tema) de febrero de 2020 sobre ayuno intermitente y pérdida de peso, se observó que, en los 27 ensayos examinados, el ayuno intermitente resultó en una pérdida de peso, aunque esta era de entre 0.8 y 13 por ciento del peso corporal basal, dependiendo del caso. Por otro lado, la pérdida de peso se produjo independientemente de los cambios en la ingesta calórica general y algunos síntomas, como el hambre, permanecieron estables o disminuyeron. No se informaron eventos adversos. La conclusión fue que, si bien el ayuno intermitente es una estrategia moderadamente exitosa para perder peso, sí es prometedora para mejorar el control glucémico, aunque presenta un riesgo potencial de hipoglucemia.

También hay evidencias de que la mayor parte de la pérdida de peso que tiene lugar con el ayuno intermitente es pérdida de grasa. Lo cual también es una buena noticia.

POSIBLES EFECTOS ADVERSOS

Mi conclusión después de leer numerosos estudios al respecto, y basándome en mi experiencia, es que los efectos adversos que puede implicar el ayuno no los provoca el ayuno en sí, sino la mala realización de los periodos de ingesta.

Por otro lado, las personas con patologías anteriores, especialmente los diabéticos, deben consultar con su médico antes de hacer ningún tipo de ayuno, porque será necesario un ajuste de la medicación.

También las personas con trastornos de la conducta alimentaria deben ser monitorizadas por profesionales en caso de practicar ayunos, ya que podrían estar usándolos como método purgativo o compensatorio, que no es en ningún caso el objetivo de esta estrategia.

Si te decides a implementar una estrategia de ayuno, te recomiendo que planifiques tanto tus días y horas de ayuno como las de alimentación y, por supuesto, que la comida que ingieras sea saludable, rica, cocinada con amor y la disfrutes con calma, como se merece.

TIPOS DE AYUNO

Como hemos visto, el ayuno consiste, básicamente, en no ingerir comida, incluso durante varios días o semanas. Sin embargo, aquí nos centraremos únicamente en el ayuno intermitente que consiste en limitar a lo largo del día las horas durante las cuales nos alimentamos. El tiempo que pasamos sin comer durante la noche sería un tipo de ayuno intermitente que tiene lugar de manera casi inadvertida. Vamos a ver otros.

Alimentación de tiempo restringido (TRF)

Este es un tipo de ayuno intermitente que ha ganado gran popularidad gracias a los medios de comunicación. Consiste en la ingesta de energía sin restricciones dentro de una ventana de tiempo definido de entre tres y doce horas, lo que significa que el individuo pasa entre doce y veintiuna horas en ayunas cada día.

Existen distintos tipos de alimentación de tiempo restringido (TRF, por sus siglas en inglés):

1. **Ayuno 12/12:** 12 horas de ayuno + 12 horas de ingesta.

2. **Ayuno 14/10:** 14 horas de ayuno + 10 horas de ingesta. Si cenas a las 9 de la noche y desayunas a las 11 de la mañana, estarías llevando a cabo esta práctica.

3. **Ayuno 16/8:** 16 horas de ayuno + 8 de ingesta. Es el más popular por su practicidad y eficiencia, pero también porque es el que más se ha estudiado. Siguiendo

el ejemplo anterior, para llevar a cabo esta modalidad basta con cenar a las 9 y esperar a la 1 para comer. Si no crees que puedas aguantar toda la mañana en ayunas, una buena opción es adelantar la cena a las 7 y tomar la primera comida a las 11 de la mañana.

4. **Ayuno 20/4:** 20 horas de ayuno + 4 de ingesta. Se conoce como el ayuno del guerrero. Propone aumentar aún más las horas de ayuno porque se ha observado un cambio importante al superar la barrera de las 16 horas.

5. **Ayuno de 24 horas:** Si se realiza una vez a la semana, por ejemplo, consistiría simplemente en, después de cenar un día, esperar a comer a la cena del día siguiente. Se suele llamar OMAD (One Meal a Day Diet, comer una vez al día). Mi recomendación general es que esta práctica no se convierta en un hábito diario, porque puede provocar algunas deficiencias. La mayoría de las personas no son capaces de incluir en una sola comida alimentos que contengan todos los nutrientes que necesitan. Sin embargo, sí puede ser interesante llevarla a cabo una vez a la semana, al mes o cuando una circunstancia especial lo requiera o te sea práctico, como durante un viaje muy largo.

Un punto clave de esta práctica es que, por lo general, no se controla la ingesta de calorías porque, como ya hemos visto, el ayuno no va asociado necesariamente a una restricción calórica. Sin embargo, si el objetivo es la pérdida de grasa, sí es importante que haya un déficit calórico.

Alimentación o ayuno de días alternos (ADF)

El ayuno de días alternos consiste, como su nombre indica, en alternar días de ayuno total o parcial con días de ingesta sin restricciones. Por ejemplo: lunes, miércoles, viernes y domingo se lleva a cabo una alimentación normal o que cree un déficit calórico (dependiendo de nuestro objetivo); y martes, jueves y sábado se ayuna.

Hay personas que utilizan este método con una variante mucho más llevadera en la que el día de ayuno lo que se lleva a cabo es una restricción calórica y solo ingieren entre 500 y 800 calorías.

Otra variante es el conocido como ayuno 5/2, popularizado por el libro de Brad Pilon, *Eat, stop, eat* (Come, para, come), que consiste en hacer dos ayunos de veinticuatro horas cada semana y comer normalmente el resto de los días.

Ayuno periódico

En mi experiencia, muchas personas que se plantean implementar el ayuno inter-mitente tienen dudas al respecto de las «normas» y la ejecución de cada protocolo, pero también sobre la duración de los protocolos.

La verdad es que no existen normas estrictas respecto al ayuno, por lo que pue-des adaptarlo a tus necesidades para aprovechar sus beneficios. Por ejemplo, puedes ayunar uno o dos días a la semana para optimizar el tiempo, o hacer un 16/8 de lunes a viernes para aprovechar las mañanas y el fin de semana disfrutar de un desayuno más temprano en familia o una cena más tardía. Lo importante es que te sientas a gusto con ello, ya que sin duda puede tener un efecto muy positivo en tu salud y ayudarte a generar un déficit calórico, ya que elimina las oportunidades de «picotear», hace que nos centremos en las comidas principa-les y te sorprenderá cómo hace aumentar la sensibilidad a las sensaciones de hambre y saciedad. Seguramente descubrirás que, en muchas ocasiones, comes sin hambre.

Ejercicio en ayunas

Muchas personas que entrenan a primera hora lo hacen sin ingerir nada antes y no les supone ningún problema. Sin embargo, para muchos aún sigue sonando a locura realizar el entrenamiento diario sin haber «repostado», aunque lo cierto es que, fisiológicamente, y por lo general, el cuerpo no está sin combustible para la práctica deportiva cuando nos levantamos.

El ayuno intermitente se ha hecho muy popular en el mundo del *fitness* ya que, supuestamente, tiene efectos sobre el mantenimiento de la masa muscular y la pérdida de grasa.

CONCLUSIÓN SOBRE EL AYUNO

Si deseas iniciarte en el ayuno intermitente, te recomiendo que lo hagas con el pro-tocolo 16/8. Si tu objetivo es, además, la pérdida de grasa, deberás tener en cuenta el total de calorías y el tipo de alimentos que ingieras, que deben ser de calidad y «reales». Esto último es muy importante para conseguir otro objetivo que se suele perseguir con el ayuno: la regulación hormonal del hambre y la saciedad. Si en tu periodo de ingesta del día incluyes alimentos muy procesados, estos interferirán en este objetivo y anularán la mayoría de los efectos beneficiosos del ayuno.

GRASAS EN UNA ALIMENTACIÓN ENFOCADA EN PERDER GRASA

Las grasas dietéticas habían sido tradicionalmente las «enemigas» si nuestro objetivo era reducir la grasa corporal. Sin embargo, los profesionales y los docentes actualizados hemos tenido que retractarnos a medida que han ido surgiendo nuevas evidencias. Una buena muestra de este cambio de mentalidad es la secuencia de portadas de la revista *Time*. En un número de 1961 se advertía a sus lectores sobre las enfermedades cardiovasculares y las grasas, en una cubierta de 1984 la portada de una cara triste formada por dos huevos a modo de ojos y una rebanada de tocino coronada por la palabra «Cholesterol» se hizo viral y, tres décadas después, en 2014, bajo el titular «Eat butter» (come mantequilla) y con la foto de una espiral de esta amada grasa lista para untar, la revista se hacía eco de los nuevos avances a favor de las grasas, exculpándolas de nuestros problemas cardiovasculares. Por desgracia, a pesar de todo, sigo encontrándome personas que relacionan el consumo de grasas con la «mala alimentación» y, sobre todo, con el «aumento de grasa».

Uno de los motivos por los que, históricamente, se había demonizado el consumo de grasas es que este nutriente aporta 9 kilocalorías por gramo, mientras que las proteínas y los hidratos de carbono solo aportan 4 kilocalorías por gramo cada uno. Sin embargo, ahora sabemos que las calorías que aportan los alimentos no tienen tanta importancia para nuestra salud como otros factores, como la **saciedad,** la **adherencia** y el **efecto en nuestras hormonas.** Y es ahí donde las grasas tienen un papel esencial, ya que las grasas y los aceites hacen que el menú sea más antojable (mayor adherencia), aumentan la saciedad de las preparaciones en las que se incluyen y favorecen un estado hormonal adecuado, tan importante como las calorías.

Lo preocupante es que aún hoy en día algunos profesionales de la salud poco actualizados siguen recomendando una dieta muy baja en grasas, incluso cuando estas se han demostrado a menudo menos eficaces en la mejora de la reducción de grasa corporal. La mayoría de estos profesionales errados cae en otro error muy común: considerar «grasas buenas» las que tienen un porcentaje elevado de ácidos grasos monoinsaturados y poliinsaturados, como la grasa que contiene el pescado azul, los frutos secos, el aguacate y el aceite de oliva, pero seguir denominando «grasas malas» a las saturadas, como las que contienen la carne, la mantequilla y frutas como el coco. Este segundo tipo de grasas no tienen nada de malo, de hecho, son beneficiosas y tienen su función en nuestro organismo. Los alimentos, en realidad, contienen en distintas proporciones una combinación de ácidos grasos con diferentes tipos de insaturaciones y ácidos grasos saturados, y son saludables siempre y cuando hablemos de materias primas muy poco procesadas y dentro de un patrón de estilo de vida saludable.

Con respecto a este miedo a las grasas, el *Britisth Medical Journal* hizo una revisión en 2015 sobre la evidencia que existía entre 1977 y 1983 para recomendar las famosas dietas bajas en grasa. Su conclusión fue que «se hicieron recomendaciones nutricionales para millones de personas sin evidencia basada en ensayos clínicos».

Las directrices sobre el consumo de grasa deberían garantizar que la dieta proporcione la grasa suficiente para alcanzar los requerimientos de energía y ácidos grasos esenciales. El tipo de grasa, es decir, la calidad de la misma, es de vital importancia.

¿CUÁLES SON LAS GRASAS VERDADERAMENTE NOCIVAS PARA NUESTRA SALUD?

Por otro lado, las grasas de síntesis, es decir, los ácidos grasos hidrogenados de forma artificial o ácidos grasos trans sí son nocivos para nuestra salud. Existen ácidos grasos trans de dos tipos. Los naturales, que proceden de depósitos de rumiantes y grasas lácteas, y los artificiales, más nocivos, que se encuentran en alimentos procesados con aceites vegetales parcialmente hidrogenados. Estos aceites vegetales también se usan en la mayoría de los establecimientos de comida rápida, bares y restaurantes. Este tipo de grasas están muy presentes en la margarina, las galletas, la bollería, los *snacks* a base de papa y cereales, muchos productos de comida rápida, pizzas envasadas, salsas, también en productos con apariencia saludable enunciados como «natural, vegetal, con fibra, sin azúcar». Lee sus ingredientes, quizá te sorprenda encontrar aceites vegetales entre ellos. Además, este tipo de productos no solo contienen estos ácidos grasos nada recomendables, sino que también aportan azúcares refinados y otros ingredientes nocivos para la salud. Los productos ultraprocesados emplean este tipo de grasas porque son muy estables (no se deterioran) y, además, proporcionan una elevada palatabilidad que los convierte en adictivos. Lo que busca la industria es la rentabilidad del producto y olvida la salud del consumidor.

Siguiendo con las grandes industrias de los ultraprocesados, fueron también ellas, con sus campañas de marketing, las que infundieron aún más miedo a las grasas durante el siglo pasado, cuando se dedicaron a crear productos sin grasa ante la demanda por parte de los consumidores «grasofóbicos». Sin embargo, estos productos contienen más aditivos y azúcares simples añadidos para sustituir esa grasa que, como ya hemos visto, hace más palatables las preparaciones. Además, el reclamo de «bajo en grasa» o «light» implicaba que podían ser una ayuda para mantener una buena salud y la composición corporal. Así, estos productos, además de presentar los problemas derivados de su exceso de azúcar, tienen otro inconveniente: la **falsa percepción de salud** que inducen, que provoca que se consuman en mayor cantidad, y el **exceso calórico** que, venga de donde venga, es el verdadero culpable del aumento de grasa corporal.

De ahora en adelante borra de tu mente ideas como «quiero perder grasa, debo evitar las grasas en mi alimentación» o «yo quito toda la grasa», «no aderezo la ensalada», «limpio la sartén para que haya el mínimo de grasa», etc. Son un error. Vigilar la grasa añadida en nuestra dieta está bien, pero es solo una pequeña pieza del rompecabezas y, como he explicado, en determinada cantidad es esencial su consumo.

¿COMER GRASA PARA QUEMAR GRASA? LA DIETA CETOGÉNICA

La dieta llamada cetogénica es la que induce mayor producción de cuerpos cetónicos para su uso como fuente de energía junto a las grasas. Esto se consigue, principalmente, reduciendo la ingesta de hidratos de carbono para que la glucosa deje de ser la principal fuente de energía. Si bien este mecanismo dietético no es la única forma de conseguirlo (con ayuno y estrategias deportivas puede conseguirse movilizar gran cantidad de grasa corporal), hacerlo mediante este tipo de dieta, que incluye más ingesta de grasa dietética de la habitual, presenta ciertas ventajas en la adherencia y, para algunos individuos, resulta una estrategia más llevadera.

Cómo realizar de forma eficiente una dieta cetogénica

La dieta cetogénica sigue rodeada de mitos, pero tiene probados beneficios para la salud, es útil en el tratamiento de algunas patologías y es una buena opción durante periodos de tiempo concretos cuando nuestro objetivo es reducir el porcentaje de grasa corporal o para generar ciertas adaptaciones que, controladas, pueden mejorar el rendimiento deportivo.

Este protocolo dietético genera situaciones metabólicas semejantes al ayuno.

Aclaremos algunos conceptos:

— No es una dieta hiperproteica, sino un protocolo en el que se suele mantener una cantidad adecuada de proteína, entre 1.2 y 1.4 gramos por kilo de peso y día, aunque esto depende de cada individuo.

— No hay que confundir la cetoacidosis (situación patológica en la que se produce un aumento de cuerpos cetónicos por encima de los 10 mmoles y glucosa en sangre) con la cetosis nutricional, que consiste en una cetosis controlada, inducida por la dieta y el entrenamiento, en la que los cuerpos cetónicos oscilan entre los 0.45 y los 7 mmoles, y la glucosa se mantiene baja, uno de los puntos más interesantes de este tipo de protocolo

— Además, se trata de un estado fisiológico que puede presentarse de forma natural, por ejemplo, al nacer, si nos alimentamos con leche materna, que tiene un contenido en grasas elevado y un bajo aporte de hidratos de carbono.

Contraindicaciones de la dieta cetogénica

Como ocurre con otras estrategias que requieren restricción de alimentos, estos protocolos no son recomendables para personas con trastornos de la conducta alimentaria, tampoco en individuos con patologías relacionadas con defectos en el metabolismo de las grasas, como deficiencia de carnitina, pacientes con función hepática deteriorada, diabetes mal controlada, historia de pancreatitis, fallo renal, mala digestión de la grasa o personas con deficiencias nutricionales diagnosticadas.

Además de valorar las contraindicaciones citadas, es recomendable hacerse un estudio previo y valorar si el objetivo que buscas se puede alcanzar con una dieta simplemente baja en hidratos de carbono, con menos inconvenientes y posibles efectos negativos en tu rendimiento deportivo o desempeño laboral durante los primeros días, por ejemplo.

Con respecto a los estudios, vale la pena puntualizar que, si te realizas uno durante un protocolo dietético de este tipo, no debes alarmarte si aparecen algunos parámetros alterados. Repítelo una vez que hayas vuelto a una alimentación con un contenido más elevado en hidratos de carbono, o la que solieras llevar.

Si tu curiosidad por probar una dieta cetogénica se debe a que tienes demasiada prisa por perder grasa, repasa algunos puntos en relación con esto.

Si tu objetivo se basa en buscar la **flexibilidad metabólica** y entrenar a tu cuerpo para que utilice eficientemente los diferentes sustratos energéticos, analiza bien en qué momento de la temporada te encuentras, las competiciones cercanas, los entrenamientos, y ten en cuenta que tu rendimiento puede verse mermado, sobre todo al principio.

A este respecto, como dijo la investigadora en nutrición deportiva Louise Burke en 2015, las directrices actuales para la ingesta de carbohidratos en la dieta de los atletas parecen haberse entendido mal, ya que algunos expertos en nutrición deportiva no promueven una dieta alta en carbohidratos para todos los atletas. El interés actual en las dietas bajas en carbohidratos y altas en grasa para el rendimiento deportivo se basa en reclamos y testimonios entusiastas, en lugar de una fuerte base científica. De hecho, existe el riesgo de deteriorar la capacidad de ejercicio de alta intensidad.

Ayuno y dieta cetogénica

Es importante saber que tienen efectos similares y que, si se llevan a cabo de forma conjunta, pueden tener un efecto sinérgico, pero ambas cosas pueden generar demasiado estrés sobre el organismo si no está adaptado, de modo que hay que valorar si conviene o no aunar ambas prácticas. Cuando hablamos de estrés, como ocurre con el ejercicio, podemos decir que es beneficioso, pero si nos pasamos con la dosis, pasa a tener efectos negativos. Por eso, tanto el ayuno como el entrenamiento y la inducción de cetosis deben hacerse de forma planificada y teniendo en cuenta las variables.

Si decides que quieres probar este tipo de dieta para favorecer el uso de tus reservas de grasa y sentir sus efectos positivos, te doy algunos consejos para llevarla a cabo, pero mi recomendación es que te guíe un profesional de la nutrición, ya que es una forma de comer muy diferente a la habitual.

Las acciones que te propongo son ejemplos que me gustan a la hora de llevar a la práctica una alimentación que induzca a cetosis. Están basados en la evidencia, pero también en mi propia experiencia en consulta y en la puesta en práctica personal de este tipo de menú:

1. **Desayuna huevos:** incluirlos en el desayuno ofrece múltiples beneficios, en este caso, lo que nos interesa es la saciedad que inducen el resto del día. En el capítulo de recetas encontrarás un desayuno muy adecuado para aplicarlo en dieta cetogénica.

2. **Las hortalizas y las verduras son tus aliadas en todas las comidas y cenas:** poseen una elevada densidad nutricional, y eso nos interesa, porque en una dieta cetogénica suele ser práctico eliminar cereales, legumbres y frutas, por lo que hay que incluir otros alimentos nutritivos. Por supuesto, dos características muy positivas de las verduras en este caso es que poseen una cantidad baja de hidratos de carbono y una gran cantidad de agua y fibra, lo que ayuda a aumentar tus niveles de saciedad, pero también ayuda al organismo con el proceso. Elige espinacas frescas, acelgas, lechugas, canónigos y pepino, que puedes utilizar en todas las comidas si te gusta. Puedes hacer ensaladas con medio aguacate en las comidas. Calabacitas, berenjenas y pimientos te pueden solucionar otra comida. En cualquier caso, en una dieta cetogénica hay que medir bien las verduras, que no deben sobrepasar cierta cantidad.

3. **Pescado azul:** es recomendable por su contenido en grasa pero, sobre todo, por los beneficios del tipo de grasa que aporta. Sardinas, salmón, atún, caballa... se pueden usar frescos, pero también podemos incluirlos de vez en cuando en conserva, que aporta un extra de sal, interesante en este protocolo.

4. **Carnes de todo tipo:** en una dieta cetogénica, a diferencia de las recomendaciones habituales, no elegiremos los cortes magros, sino que los cortes más grasos serán los más prácticos para acompañar nuestros vegetales. Carnes blancas, principalmente, pero también algunos días carnes rojas, siempre piezas de la mejor calidad, nunca carnes procesadas.

5. **Aceite de oliva virgen extra:** podemos añadir algo más a nuestras preparaciones, y es importante consumir la cantidad indicada. En este caso, incluir menos de lo indicado puede perjudicar el protocolo, aunque también hay que tener en cuenta que es más fácil pasarse con el aceite que con otros alimentos que contengan grasa en su composición. También podemos usar mantequilla y aceite de coco, pero por cultura y por su composición saludable, al menos en España, recomiendo priorizar el aceite de oliva virgen extra.

6. **Quesos grasos:** tipo queso de cabra curado, que, además de contener ácidos grasos que pueden ayudar a inducir la cetosis, también generan bastante adherencia a la dieta. Al igual que con el aceite, controlaremos la cantidad.

7. **Frutos secos:** pueden ser un buen recurso, si ajustamos la ración, ya que, aunque están compuestos principalmente por grasa, contienen hidratos de carbono en su composición, que hay que cuantificar en este tipo de protocolos.

8. Es conveniente añadir algo de **sal marina** a la comida y cuidar el aporte de **agua**. Es importante beber algo más de agua que de costumbre.

En resumen, considero que, a pesar de sus beneficios, la dieta cetogénica debe ser bien planificada tanto en su ejecución como en su posterior seguimiento, ya que las dietas cetogénicas se aplican durante unas semanas y luego se regresa a la alimentación «convencional». No es recomendable mantenerla durante largos periodos y, por tanto, requiere de educación nutricional y formación para llevarla a cabo.

Para perder grasa con éxito puedes seguir otros protocolos no tan bajos en hidratos de carbono, como el que te propongo en las recetas de este libro. Una forma de alimentarte que puede ayudarte a conseguir tu objetivo con menos riesgo de complicaciones y restricciones que una dieta cetogénica.

EJERCICIO PARA OPTIMIZAR TU COMPOSICIÓN CORPORAL

Anteriormente hemos visto la importancia de la actividad física a la hora de perder grasa, ya que nos ayuda, entre otras cosas, a aumentar nuestro NEAT. Pero también vimos que la actividad planificada, el ejercicio físico, también es importante.

Puede que sigas creyendo que el ejercicio que más ayuda a la pérdida de grasa es el denominado cardiovascular: ejercicio de intensidad moderada o baja, pero de gran duración. Esto hace que haya gente que se centra en salir a correr cuando quiere reducir su porcentaje de grasa o, algo que me sigue resultando sorprendente con toda la información que tenemos hoy, acudiendo al gimnasio simplemente a correr en la caminadora, usar la elíptica o la bici estática. Por supuesto, estas personas habrán acudido al gimnasio en coche y subido en elevador. Una gran incoherencia.

Quiero que, desde este momento, borres la idea de que debes correr o hacer largas sesiones de cardio o clases de spinning para perder grasa. La base de tu entrenamiento debe ser el **entrenamiento de fuerza**.

Cuando restringimos nuestra ingesta energética con el objetivo de que el cuerpo, ante la escasez, descomponga y utilice principalmente las reservas energéticas del tejido adiposo, este no es el único tejido que se reduce. También lo hace la masa muscular, porque es muy costosa de mantener, necesita energía y ahora estamos aportando poca. Por eso es crucial que nuestro foco se centre en el **mantenimiento de esa masa muscular**. Para ello, es fundamental el entrenamiento de fuerza, que es el estímulo adecuado al músculo, ya que le estaremos diciendo al cuerpo «oye, esto lo necesito, vamos a mantener este tejido muscular».

Pero esa no es la única ventaja de entrenar fuerza durante un proceso de pérdida de grasa. Sabemos que el ambiente hormonal que induce el propio entrenamiento de fuerza favorece también una optimización de la composición corporal. Las hormonas actúan como mensajeras que, en este caso, le dicen a nuestro cuerpo que haga las cosas bien.

Como te expliqué en el capítulo 2, el entrenamiento de fuerza no solo ayuda a mejorar la cantidad y la calidad de la masa muscular, sino que es muy interesante para el aumento de la tasa metabólica basal, mejora la función y la biogénesis mitocondrial, lo que está relacionado con una mejor obtención de energía, reduce la incidencia de depresión y mejora el estado de ánimo, que puede verse afectado durante el proceso de pérdida de grasa. Algo muy importante es que interviene en la regulación de hormonas como la leptina (hormona de la saciedad) y la adiponectina, que mejora la sensibilidad a la insulina y la homeostasis de la glucosa. Esta regulación afecta positivamente e incluso puede ser clave en la pérdida de grasa, pero, además, reduce directamente la grasa visceral y aumenta la oxidación de grasas, es decir, ayuda de manera escandalosa en un proceso de pérdida de grasa corporal.

Estos son solo algunos ejemplos de sus beneficios, así que basa tu ejercicio en el entrenamiento de la fuerza. Recuerda que no tienes que usar pesas, puedes trabajar la fuerza con el propio peso corporal, aunque el entrenamiento con cargas es de gran ayuda, sobre todo para los ya iniciados. Además, el ejercicio de fuerza cuando se dispone de cargas (pesas) permite hacer una sobrecarga progresiva, lo que también es posible con otros materiales, como ligas, y otros sistemas de entrenamiento.

Respecto al **ejercicio cardiovascular**, a pesar de haberte recomendado que no sea tu prioridad en el entrenamiento, también es de gran ayuda, sobre todo el más suave, para aumentar nuestra actividad y evitar la «tumba metabólica», de la que hablaremos en el siguiente punto.

Se ha extendido la idea de que, para quemar más grasa, es mejor caminar o trotar de forma suave porque durante este ejercicio, y solo durante el ejercicio, se ve más favorecido el uso de grasas como fuente de energía que en el ejercicio de intensidad, ya que, durante el segundo, el cuerpo no tiene tiempo de usar las grasas. Sin embargo, eso no significa que en el **cómputo total** de la semana consigas eliminar más grasa de tus reservas trotando o caminando que haciendo ejercicio de intensidad. Esto se debe a que lo primero requiere muy poca energía. En cambio, aunque durante un ejercicio de más intensidad el cuerpo no use tanto las reservas grasas, hay un fenómeno que explica por qué ayuda a generar mayor déficit energético: el consumo de oxígeno después del ejercicio o efecto **EPOC** (no confundir con enfermedad pulmonar obstructiva crónica, que tiene el mismo acrónimo).

Consumo de oxígeno del organismo una vez terminado el entrenamiento hasta llegar a nuestro consumo de oxígeno basal antes del mismo

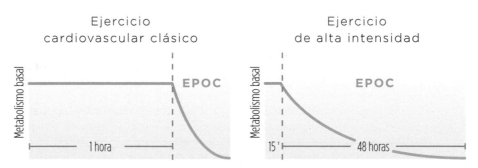

Es decir, la cantidad de oxígeno que has utilizado desde que has acabado el entrenamiento hasta que te recuperas y vuelves a tener tus niveles basales de consumo de oxígeno.

El mecanismo que hace que aumente el metabolismo tras el ejercicio se debe a la necesidad del cuerpo de recuperar el oxígeno en los almacenes de los tejidos, a la resíntesis de sustratos energéticos básicos, como los fosfágenos, el incremento de la ventilación (circulación sanguínea) y el mantenimiento de la temperatura corporal.

Algunos estudios han encontrado que la cantidad (cuánto se eleva el consumo de oxígeno) y la duración (tiempo de consumo de oxígeno elevado) del EPOC, depende directamente de la **intensidad** y duración del ejercicio. Así, la recuperación puede durar entre 15 minutos y 48 horas. Imagínate: dos días con esa «deuda» con tu organismo durante la cual mantienes un poco elevado el metabolismo. Otros factores que influyen en el EPOC son el sexo y el nivel de entrenamiento del individuo.

Los estudios coinciden en que la **intensidad del ejercicio** es el factor principal a la hora de determinar la magnitud y la duración del EPOC tras hacer ejercicio aeróbico. Por eso te recomiendo que tu entrenamiento cardiovascular con el objetivo de perder grasa tenga en cuenta la intensidad del ejercicio, para que la activación del EPOC contribuya de manera significativa al gasto calórico.

Dada la importancia de la **intensidad**, vamos a clasificar los tipos de ejercicio según esta variable:

1. **LISS:** Ejercicio de baja intensidad a ritmo constante (*Low Intensity Steady State*, en inglés). Un ejemplo de esto sería una caminata durante la que incluso puedes ir hablando. Aunque hemos mencionado la importancia de la intensidad en relación con el EPOC, el ejercicio de baja intensidad presenta muchísimas ventajas porque puede llevarlo a cabo todo el mundo, aunque no entrene, no conlleva riesgo de lesión, no añade fatiga y es agradable. Por eso, es ideal para sumarlo al resto de las actividades (entrenamiento de fuerza, resto de actividad diaria y entrenamiento de alta intensidad).

2. **MISS:** Ejercicio de media intensidad a ritmo constante (*Medium Intensity Steady State*, en inglés). Un ejemplo de esto sería un trote habitual, correr en el gimnasio y, en general, los típicos ejercicios de cardio que se suelen asociar erróneamente a la pérdida de grasa. No presenta los beneficios del anterior, porque genera más fatiga y, en las personas no entrenadas puede causar alguna lesión. Pero su principal inconveniente es que puede hacerte desplazar el entrenamiento de fuerza, que es el más importante. Sin embargo, si te resulta divertido y agradable, ayuda al gasto calórico y presenta otras ventajas saludables, por lo que puedes incluirlo en tu rutina, pero no debe ser la base de tu entrenamiento.

3. HIIT: Entrenamiento de intervalos de alta intensidad (*High Intensity Interval Training*, en inglés). Es probable que te suene este tipo de entrenamiento, ya que empieza a considerarse la estrella a la hora de perder grasa. Consiste en realizar ejercicios a intervalos que combinan unos segundos a máxima intensidad con segundos de descanso o recuperación, y produce un estímulo parecido al entrenamiento con cargas. Este tipo de ejercicio sí tiene asociado el efecto EPOC. El principal inconveniente del HIIT es que no todo el mundo está preparado para aguantar la intensidad que demanda. También hay personas que lo realizan bien, por lo que puede generar lesiones y supone mucha fatiga. Sin embargo, al ser tan eficiente (genera en poco tiempo estímulo suficiente para favorecer la pérdida de grasa), es muy recomendable incluirlo en un protocolo de entrenamiento enfocado en la pérdida de grasa. Incluso se ha observado que ayudar a eliminar acúmulos de grasa de difícil acceso.

Si quieres probar el entrenamiento tipo HIIT, te recomiendo que empieces por el Tabata, un tipo de HIIT creado por el profesor Izumi Tabata.

Originalmente consiste en realizar solo 4 minutos de entrenamiento en los que se alternan 20 segundos de ejercicio a la máxima intensidad posible con 10 segundos de descanso total. Este sistema de entrenamiento a intervalos de alta intensidad y de corta duración se programa con 8 series de un ejercicio de 20 segundos cada una, con la mayor cantidad de repeticiones posibles y descansando solo 10 segundos entre cada una de ellas. Existen aplicaciones de celular que pueden ayudar a configurar tu Tabata mediante alarmas. Yo te recomiendo que hagas la prueba porque, aparte de sus beneficios, se trata de un ejercicio muy divertido y estimulante.

Para empezar, te aconsejo que, en lugar de ocho series, hagas solo, por ejemplo:

— Rodillas al pecho (RP)

— Flexiones (F)

— Talones al glúteo (TG)

— Saltos en estrella o *jumping jacks* (JJ)

— Descanso (D)

El Tabata quedaría de la siguiente manera:

20 segundos de RP, 10 segundos de D, 20 segundos de F, 10 segundos de D, 20 segundos de TG, 10 segundos de D, 20 segundos de JJ y 10 segundos de D. Al acabar volvemos a empezar hasta completar los 4 minutos. Pasado un tiempo, subir a 8 minutos, y aumentar cuando puedas. Esto es solo un ejemplo y las variaciones son infinitas. Si lo pruebas, descubrirás que es sencillo, práctico y eficaz.

Por último, te propongo un ejemplo de planificación semanal sencilla que incluye todos los tipos de ejercicio.

	FUERZA	LISS	MISS	HITT
LUNES	Tren inferior: dominantes de cadera y rodilla	30'		
MARTES	Tren superior: tracciones y empujes			10'
MIÉRCOLES		30' tras la cena		
JUEVES	Tren inferior: dominantes de cadera y rodilla	30'		
VIERNES	Circuito de fuerza	30'		10'
SÁBADO		30'		10'
DOMINGO		30' en ayunas	5 km por la tarde	

TUMBA METABÓLICA

«Tumba metabólica», «muerte del metabolismo» o «metabolismo lento» son conceptos que se pusieron muy de moda hace algunos años y que se consideraban culpables de la incapacidad de algunas personas para perder peso. Afortunadamente, hoy en día sabemos más sobre lo que hay de cierto y de mito en estas ideas.

Si no te suena el concepto, te lo explico: popularmente se denomina **tumba metabólica** a la **incapacidad fisiológica de perder grasa corporal**, aun llevando a cabo una dieta hipocalórica y realizando gran cantidad de ejercicio, que suele ser de tipo MISS. Dicho así, da un poco de miedo pensar que se puede perder el control para conseguir la pérdida de grasa con los elementos considerados tradicionalmente como infalibles.

Analicemos de dónde viene esta idea. Para ello, veamos qué ocurre en el organismo cuando no hacemos una buena planificación de la alimentación y el entrenamiento, ya que este concepto está relacionado con otro mucho más estudiado: la termogénesis adaptativa.

QUÉ ES LA TERMOGÉNESIS ADAPTATIVA

Para entender este concepto primero debemos saber cómo se adapta nuestro organismo ante una dieta hipocalórica acompañada de ejercicio físico:

— **Disminuye el metabolismo basal**, es decir, la energía que necesitamos para estar vivos. Esto incluye, entre otras cosas, la respiración, el mantenimiento de la temperatura corporal o el funcionamiento general de los órganos.

— **Disminuye la NEAT**, es decir, la energía que gastamos en todo lo que no es ejercicio físico planificado. Hemos hablado de esto en el capítulo 2.

— **Disminuyen ciertas hormonas, como la testosterona y la leptina**, lo que, entre otras cosas, nos hace sentir letargia y más apetito.

— **Aumenta el cortisol**, que es una hormona relacionada con el estrés.

Como ves, cuando tratamos de perder grasa creando un déficit calórico, tienen lugar determinadas adaptaciones metabólicas que hacen que gastemos menos energía, porque el cuerpo entiende que debe ahorrarla. A medida que perdemos peso (peso general, no solo grasa), nuestro gasto metabólico real disminuye, ya que nuestra superficie corporal es menor, por lo que necesitamos menos energía para nuestro funcionamiento, e ingerimos menos alimentos, por lo que el gasto en hacer la digestión también disminuye. Sin embargo, esto es irrelevante, porque no genera una disminución del gasto tal que pueda tener una repercusión real en la dificultad para la pérdida de grasa.

En cambio, la disminución de nuestra actividad diaria, NEAT, sí tiene un impacto importante. ¿Por qué disminuye la NEAT cuando hacemos una dieta hipocalórica combinada con entrenamiento?

— Porque al estar en déficit de ingesta, sin darnos cuenta, nos movemos menos, entrenamos con menos intensidad e incluso nuestra postura se vuelve más relajada. Es un mecanismo fisiológico de ahorro de energía, el cuerpo es sabio.

— Porque una dieta muy hipocalórica mantenida en el tiempo disminuye las hormonas tiroideas, la testosterona y la leptina, que es la hormona de la saciedad (por eso a veces tienes más hambre con una dieta hipocalórica sostenida). Esta disminución hormonal es lo que provoca el estado de letargo que te hace moverte menos. Por eso, en los procesos de pérdida de grasa se usan a menudo estimulantes como la cafeína. Esto puede ser una solución a corto plazo, pero solo es una pequeña ayuda. Es decir, la fama de la cafeína como ayuda en la pérdida de grasa se debe, entre otros factores, a que hace que te muevas más, retarda la aparición de fatiga en el entrenamiento y te activa ligeramente en esta situación de letargo. Uno de los inconvenientes sería que esta sobreexcitación podría aumentar aún más el cortisol, la hormona del estrés, que ya está alta de por sí a causa de la dieta hipocalórica y el exceso de ejercicio cardiovascular. Esta hormona tiene efectos nada deseables que te explicaré más adelante.

ESTANCAMIENTO EN LA PÉRDIDA DE PESO Y EFECTO REBOTE

Puede que en alguno de tus procesos de pérdida de grasa hayas notado que dejas de perder peso o, incluso, que lo ganas y te ves peor. «Lo que faltaba, no solo no sigo perdiendo peso, sino que ¡estoy ganando peso! Estoy en tumba metabólica claramente.»

Voy a explicarte dos motivos por los que puede no estar dándose esa pérdida de peso lineal aun siguiendo con tu dieta bien planificada.

Aumento del cortisol

El cortisol puede aumentar la retención de líquidos, por lo que, aunque hayas perdido grasa, esta puede estar siendo compensada en la báscula por la retención hídrica hasta el punto de hacerte creer que estás ganando peso.

A veces, tras una comida rica en hidratos de carbono (macronutrientes muy temidos y reducidos en exceso erróneamente en dietas que buscan perder grasa), sorpresa, al día siguiente puede que el número de la báscula disminuya mágicamente. Esto se debe a que el pico de insulina que generan los hidratos reduce o regula un poco el nivel de cortisol, por lo que se corrige la retención de líquidos. Este es el motivo por el que, a veces, después de saltarnos un día la dieta, nos vemos y nos sentimos mejor. Ante esta situación, hay quien cree que lo que ha hecho es «acelerar el metabolismo». No es así, solo ha tenido lugar un reajuste en el organismo.

Esto, por supuesto, no puede ser una excusa para comer hidratos de carbono en exceso durante tu proceso de pérdida de grasa, pero sí deben estar planificados para que se den sus beneficios.

Mi consejo para una dieta hipocalórica bien planificada es pautar en ella un día más alto en carbohidratos, que coincida con un día de entrenamiento. Recomiendo que este aumento sea en forma de tubérculos, como papa, camote, yuca, zanahorias cocidas o plátano macho, que son alimentos muy saciantes, más verdura, un par de piezas de fruta extra, y aprovechar para incluir algunas con más carbohidratos, como plátano, mango, chirimoya, higos, y algo de hojuelas de avena integrales, por ejemplo.

Si entrenamos cinco días a la semana, es buena idea hacer esto el segundo o tercer día de entrenamiento de la semana y seguir con la dieta hipocalórica y baja en carbohidratos el resto de los días. En el capítulo de recetas tienes algunas identificadas para planificar concretamente esta pequeña «carga» dentro de una planificación enfocada en la pérdida de grasa.

Errores de cálculo

Ya hemos visto que, fisiológicamente, tu organismo podría ir más lento a causa de la termogénesis adaptativa, pero es mucho más frecuente que se den errores de cálculo en la dieta.

Cuando tratamos de perder grasa, el abordaje dietético tiene que ser muy cuidado. No tanto al principio, sobre todo si partimos de malos hábitos de estilo de vida, cuando pequeñas modificaciones provocarán grandes cambios, pero sí cuando se alcanza un porcentaje de grasa bajo. Cuando ya llevas mucho tiempo cuidando tu dieta y entrenando, y es necesario cuantificar y planificar bien, ya que existe evidencia científica de que **subestimamos u olvidamos una gran cantidad de calorías** cuando hacemos dieta. Aún más si estamos «estresados» u «obsesionados» con la pérdida de grasa.

Es decir que, aunque estemos siguiendo una dieta hipocalórica pautada por un profesional, podríamos estar saboteándonos sin darnos cuenta, dejando de contar determinadas ingestas o escudándonos en que «solo ha sido el fin de semana». También puede pasar que te autorrestrinjas en exceso y eso provoque que en esas comidas «libres» acabes haciendo una ingesta mucho mayor de la que habrías hecho en una situación normal de no haber estado sometido a una restricción previa tan dura.

Sea como sea, mi consejo en este caso es que seas responsable y consciente de lo que consumes, que planifiques cuándo tendrás comidas fuera de casa con una ingesta más elevada y que, cuando esto suceda, las disfrutes con la misma responsabilidad y conciencia.

También se dan errores de cálculo con el ejercicio, y sus consecuencias podrían ser aún más importantes por distintos motivos.

El primero es que, al igual que subestimamos la ingesta, sobreestimamos el gasto. Está demostrado que el gasto calórico real que llevamos a cabo en nuestras actividades deportivas, sobre todo las de tipo aeróbico o cardiovascular, es muy inferior al que percibimos. No hay que fiarse tampoco de los medidores de gasto calórico, como los relojes y los de las máquinas de gimnasio, que tan de moda se han puesto y tan inexactos son: lo sobreestiman enormemente y dan una percepción exagerada del esfuerzo. Además, el estado de agotamiento y letargo que hemos explicado provoca una mayor percepción de la fatiga, por tanto, no estamos realizando una actividad de calidad que ayude a crear el déficit energético que nos llevará a disminuir nuestro porcentaje de grasa.

Llegados a este punto, ya te habrás dado cuenta de que las adaptaciones metabólicas que podrían conducirnos a la tan temida «tumba metabólica» no son tan importantes como para ser las verdaderas responsables de que tu porcentaje de grasa no disminuya.

¿QUÉ HACEMOS PARA EVITAR EL ESTANCAMIENTO EN EL PROCESO DE PÉRDIDA DE GRASA?

Llevo años estudiando este problema y buscando formas de identificar errores en el proceso para seguir ayudando a mis pacientes. Voy a serte sincera: no es un proceso rápido ni sencillo, pero tampoco es imposible. A continuación voy a resumirte los diez puntos que, según mi experiencia, debes tener en cuenta si decides emprender este proceso:

1. **Trabaja en la reducción del estrés crónico.** Esto es primordial. Lo pongo en primera posición porque veo a diario en consulta cómo el estilo de vida estresante,

sin verdadero cuidado del descanso, actividades ociosas que produzcan placer y relaciones enriquecedoras con los demás, está detrás de muchos problemas de sobrepeso y obesidad. Mi recomendación es que priorices tu objetivo y disfrutes de tu protocolo de dieta y entrenamiento, no lo tomes como una carga, dale importancia, y, por otro lado, relativiza el resto de los problemas de tu vida diaria. Suena fácil y sé que no lo es, pero piensa en ello. Date importancia, simplifica tu vida.

2. **Haz que tu descanso sea de calidad.** En relación con el punto anterior, quiero resaltar la importancia de descansar de verdad, es decir, tener un sueño reparador, algo muy relacionado con la regulación hormonal, entre otros procesos metabólicos vitales. Te recomiendo que te alejes de todo dispositivo tecnológico a una hora determinada, por ejemplo, te aconsejo apagar el televisor, el celular y la computadora a las 22:00 horas y que hagas ejercicios de respiración antes de dormir. Para empezar a cuidar tu sueño, puedes utilizar durante unas semanas un suplemento de magnesio o incluso melatonina, siempre bajo supervisión de tu dietista-nutricionista. Una vez creado tu protocolo de descanso, cuando empieces a irte a la cama más temprano y sin el celular, te recomiendo dejar la suplementación.

3. **Cuida tus fuentes de proteína.** Incluye la cantidad adecuada de proteína en tus comidas, ya que está demostrado que ayuda a la regulación del peso y, en concreto, a la disminución del porcentaje de grasa.

4. **Cuida tu alimentación.** Más allá de las calorías, los diferentes nutrientes presentes en los alimentos, siempre saludables, nunca ultraprocesados, determinan cómo funciona nuestro cuerpo. La culpable del aumento de la grasa corporal es una alteración de ese funcionamiento. Basa tu alimentación en alimentos mínimamente procesados, vegetales y fruta fresca. Inclúyelos en todas tus comidas. Además de todos los beneficios que ya hemos comentado, te ayudarán a que tu metabolismo no se vea dañado durante el proceso de pérdida de grasa.

5. **Busca el déficit calórico óptimo.** Las calorías no lo son todo, pero no debemos olvidar que una dieta hipocalórica bien planificada es la base para crear un déficit que inicie la pérdida de grasa corporal. Si sigues los puntos anteriores, este vendrá rodado, pero si sientes que necesitas ayuda, mi consejo es que acudas a un dietista-nutricionista especializado en la mejora de la composición corporal que evalúe tu alimentación y te ayude crear ese déficit de manera saludable,

porque es importante no realizar restricciones excesivas ni déficits calóricos muy acusados sostenidos en el tiempo.

6. **Realiza cargas de hidratos de carbono.** Hemos visto los efectos negativos del déficit calórico sostenido en el tiempo. Para disminuirlos, realiza de forma planificada comidas con más energía que provenga de hidratos de carbono.

7. **Reduce los tóxicos de tu vida.** Con esto me refiero a fármacos que tomamos sin prescripción y de forma habitual (como algunos analgésicos), tabaco y alcohol. Recuerda que en este proceso de pérdida de grasa la hidratación debe venir del agua. Es lo primero que debes hacer, beber solo agua.

8. **Haz entrenamiento de fuerza.** Ya hemos visto lo importante que es el entrenamiento de fuerza y el ejercicio de alta intensidad para que la pérdida de grasa sea realmente efectiva y saludable. No solo mantienen y mejoran la masa muscular, sino que también previenen enfermedades y mejoran la salud global. Para que tu entrenamiento sea eficiente, acude a un entrenador especializado e invierte en aprender a entrenar fuerza.

9. **Aumenta tu actividad diaria.** Recuerda el concepto NEAT, la actividad que no es entrenamiento, y auméntala, es clave en la pérdida de grasa sin que tu metabolismo se resienta. Camina diariamente todo lo que puedas, baila, carga las bolsas de la compra hasta casa, realiza tareas del hogar de forma «animada», juega, levántate de la silla cada veinte minutos y date una vuelta siempre que te sea posible.

10. **Cuida tu estado emocional.** Es un aspecto bastante olvidado en nuestros días, y, como todo en nosotros, está íntimamente conectado con el resto del funcionamiento de nuestro organismo. El estado emocional influye, además, en todas nuestras decisiones, y en nuestra percepción de la vida y del entorno. Si no está bien, si no le prestamos atención, todo ajuste de calorías y entrenamiento intenso que hagamos será en vano.

CAPÍTULO 4

RECETAS CON Q

«Cocinar nuestros alimentos modifica el acto de comer, ya que permitimos que nuestro cerebro sea consciente de este momento. No ocurre lo mismo con los ultraprocesados listos para tomar, que nos hacen comer de forma más compulsiva. Cocina para valorar tus platos.»

Después de haber dicho demasiadas veces «la cocina no es lo mío», mi amor por la nutrición y mi preocupación por alimentarme de una manera óptima hizo que empezara a interesarme por cocinar mis alimentos. Fue entonces cuando comprendí que cocinar es indispensable para disfrutar de una comida saludable.

De mi madre aprendí el gusto por comer los alimentos tal cual, con cuanta menos preparación mejor. Como a ella, me parece práctico y delicioso cortar en un momento un jitomate y unas zanahorias y acompañarlos de una tortilla española o unos huevos duros. Picar una fruta o simplemente lavarla y comerla a bocados. De niña solía comer así, incluyendo de vez en cuando un buen guiso de lentejas o un pescado con chícharos en olla de barro, que son las comidas que más me recuerdan a mi madre.

Sin embargo, trabajando con personas que quieren comer mejor descubrí que no todo el mundo disfruta de este tipo de comidas, sobre todo quienes están acostumbrados a platos elaborados con bastante aceite, sal y harinas, aunque estén hechos en casa. Por otro lado, si consideramos el enorme consumo de bollería y ultraprocesados a los que mi generación y las siguientes han tenido acceso, querer que alguien que llega a mi consulta disfrute, de un día para otro, de comer una zanahoria a bocados no es tarea fácil ni la mejor manera de que se reconcilie con la comida de verdad. Por eso decidí que tenía que estudiar más sobre recetas y cocina básica y empezar a experimentar en casa. Yo empecé a vivir sola en mis primeros años de carrera y preparaba la mayoría de mis comidas, que acostumbraban a ser muy básicas en su elaboración.

Adentrarme en la cocina no me resultó fácil, nunca me atraía «perder» el tiempo cocinando, pero cuando empecé a hacerlo pensando en mis pacientes se convirtió en parte de mi trabajo. Quería encontrar platos y recetas supersencillas para

CODIFICACIÓN DE LAS RECETAS

Al lado de cada receta encontrarás unos íconos de codificación que te proporcionarán información relevante. Te los explico a continuación.

 Este ícono indica recetas bajas en energía, que son las que debes incluir preferentemente en tu menú de pérdida de grasa. Lo encontrarás en recetas a base de vegetales acompañados de una ración de proteína más o menos voluminosa.

 Este ícono indica recetas bajas en energía y con una cantidad moderada de hidratos de carbono. Lo encontrarás en recetas en las que predomine la fruta, combinada con otros ingredientes. Las que contengan este ícono quizá no tengan la cantidad suficiente de proteína.

 Este ícono indica recetas algo más altas en energía e hidratos de carbono que el resto. Son una opción excelente para los días de carga o en torno a momentos de entrenamiento.

 Este ícono indica recetas con una mayor cantidad de grasa y baja o moderada de hidratos de carbono. Son ideales para los días altos en grasa de nuestro menú o para las dietas cetogénicas. Planificar días altos en grasa y bajos en hidratos de carbono es una buena estrategia para perder grasa.

 Este ícono indica que la receta puede formar parte de un menú paleo que, como ya hemos visto, excluye lácteos, cereales, legumbres, edulcorantes y otros componentes a los que llevamos expuestos menos tiempo en la historia del ser humano.

 Este ícono indica que la receta es vegana, es decir, que no contiene ingredientes de origen animal. El aporte de proteína de estas recetas viene dado por legumbres, frutos secos y semillas, lo que debe ser tomado en cuenta por las personas alérgicas.

DESAYUNOS CON 🍍

Aquí encontrarás lo que yo entiendo por un desayuno saludable, nutritivo y delicioso, con infinidad de variables, que puede ayudarte a perder grasa reduciendo tu apetito y aumentando tu energía durante la mañana.

Sin embargo, ten en cuenta que el desayuno ideal no existe y, por lo tanto, deberás modificar cantidades o añadir alimentos si tu rutina de trabajo es exigente o te toca entrenar. Recuerda también que, como leíste en el apartado sobre el ayuno, no siempre es necesario desayunar.

Y, sobre todo, que la industria de los ultraprocesados no te haga pensar que necesitas sus productos para empezar bien el día.

PORRIDGE BFIT CON Q

El *porridge* es una preparación a base de avena, fruta y frutos secos muy consumida como desayuno en los países anglosajones. Lo que caracteriza a estas gachas, que sería el nombre en castellano para este tipo de elaboraciones, es la consistencia pastosa que adquiere el cereal.

INGREDIENTES (1 P.)

- 30 g de hojuelas de avena integral
- 200 ml de agua
- 200 g de fruta
- 30 g de nueces
- 5 g de semillas de linaza
- 10 g de semillas de girasol y calabaza
- ½ cucharadita de café de cacao puro

ELABORACIÓN

1. Hierve el agua en un cazo o en un hervidor o microondas.

2. Tuesta las semillas en una sartén a fuego bajo y resérvalas.

3. Pon en un bol la avena, la linaza y el cacao y añade el agua hirviendo. Remueve hasta que quede bien mezclado y con una consistencia más bien pastosa.

4. Trocea la fruta, como, por ejemplo, mazana, y añádela.

5. Por último, añade las semillas tostadas y las nueces, que aportarán un toque crujiente.

Tip

Te recomiendo elegir hojuelas de avena integrales gruesas, ya que algunas de las comercializadas son demasiado finas o vienen muy desmenuzadas.

Para dejarlo listo la noche anterior y consumirlo frío por la mañana, puedes dejar las hojuelas y las semillas reposar toda la noche en un tarro de cristal o taza con la correspondiente cantidad de agua, leche o bebida vegetal, dentro del refrigerador. Sin necesidad de calentarlo, por la mañana puedes añadirle la fruta que te guste y los frutos secos.

EL DES-AYUNO

El desayuno que te propongo a continuación no solo garantiza el disfrute con todos los sentidos, sino también la saciedad el resto de la jornada. En su conjunto es alto en grasa, bajo en hidratos de carbono y aporta una buena ración de proteínas. Es estupendo para días altos en grasa o como fijo en un menú cercano a un «protocolo ceto».

INGREDIENTES (1 P.)

* 2 huevos de campo
* ½ aguacate (unos 80 g)
* 40 g de jamón serrano
* 100 - 200 g de jitomate fresco
* 10 ml de aceite de oliva virgen extra (para cocinar y aderezar el jitomate)
* Especias al gusto

ELABORACIÓN

1. Pon una sartén al fuego con muy poco aceite y deja que se caliente.

2. Casca los huevos y viértelos con cuidado en la sartén. Baja o apaga el fuego y deja que se cocinen lentamente.

3. Mientras tanto, corta el jitomate y el aguacate al gusto y sazónalos con especias (a mí me gusta hacerlo con ajo y pimienta) y el resto del aceite de oliva virgen extra.

4. Antes de que cuaje la yema, retíralos del fuego, sírvelos acompañados de las hortalizas y el jamón serrano.

Tip

Incluir proteínas en el desayuno, por ejemplo, huevos, nos ayuda a sentirnos saciados el resto de la mañana y del día, lo que contribuye a la pérdida de grasa. Por eso, si te has propuesto perder grasa, uno de mis principales consejos es que incluyas al menos dos huevos en tu primera comida del día, ya sean revueltos, estrellados, en tortilla española u omelette, o duros.

FITBOL CON Q

Esta propuesta resulta ideal para esos días en que se te antoja un desayuno dulce y frío.

INGREDIENTES (1 P.)

* 250 ml de queso batido descremado, *skyr* o yogur natural
* 20 g de semillas de calabaza y girasol, se pueden combinar también con semillas de linaza y chía
* 1 pieza de fruta
* 30 g de chocolate 90 - 95 % de cacao

ELABORACIÓN

1. Vierte el *skyr*, el queso fresco batido o el yogur en un bol.

2. Tuesta las semillas en una sartén a fuego suave, coloca una tapa y retira del fuego cuando empiecen a saltar. Deja un minuto más en la sartén fuera del fuego.

3. Mientras tanto, corta la fruta en cubos o láminas, añádela al bol y mezcla.

4. Añade las semillas aún calientes al bol y pon encima los 30 g de chocolate, que se fundirán un poco. Ya está listo para servir.

Tip

Otra opción para aprovechar tus 30 g de chocolate es rallarlos sobre tu bol, ¡así parece que hay más chocolate! Elige chocolate mínimo con un 85 % de cacao. Aunque contiene un poco de azúcar en su composición, consumido de forma ocasional es un buen alimento. De todas formas, intenta que no esté presente diariamente en tu alimentación.

PUDÍN DE CHÍA

El pudín de chía es una excelente forma de consumir estas semillas, ya que remojarlas facilita el aprovechamiento de sus nutrientes, de lo contrario, a no ser que estén molidas, se expulsan sin digerir. Esta es una receta muy saciante y nutritiva, a la vez que baja en energía.

INGREDIENTES (1 P.)

* 250 ml de bebida de almendras sin azúcar añadido o la bebida vegetal que prefieras

* 30 g de semillas de chía o de una mezcla de semillas de linaza y chía

* 100 g de arándanos frescos o congelados que pueden combinar con otros frutos rojos.

ELABORACIÓN

1. Pon las semillas a remojo en la bebida vegetal la noche anterior o al menos dos horas antes de consumir el pudín.

2. Añade los arándanos y sirve. Si lo deseas, puedes añadir los arándanos con las semillas y dejar que repose todo junto.

Tip

Ve removiendo la mezcla para que el pudín quede homogéneo. Si no queda espeso, juega reduciendo la cantidad de bebida vegetal o aumentando un poco la cantidad de semillas.

Usa esta preparación de desayuno o postre durante algunos días seguidos si padeces estreñimiento.

TORTILLA ESPAÑOLA PERFECTA CON ALBAHACA Y JITOMATE

Sabías que...

El desayuno no es la comida más importante del día, pero debemos prestarle atención, ya que determina nuestra apetencia por ciertos alimentos el resto del día. Incluir proteína en el desayuno ayuda a mantenernos saciados el resto de la mañana, y hay evidencias que apoyan que comer huevos en el desayuno nos ayuda a estar más saciados el resto del día, lo que facilita la pérdida de grasa.

INGREDIENTES (1 P.)

- 2 huevos de campo
- 1 jitomate fresco (de unos 150 - 200 g)
- Albahaca fresca
- 10 ml de aceite de oliva virgen extra (para cocinar y aderezar el jitomate)

ELABORACIÓN

1. Pon una sartén al fuego con muy poco aceite y deja que se caliente.

2. Mientras tanto, bate bien los huevos a un ritmo constante.

3. Vierte los huevos en la sartén y baja el fuego al mínimo o apágalo para que se cuajen lentamente.

4. Cuando esté a punto de cuajarse del todo, coloca las hojas de albahaca y, a continuación, ciérrala en forma de media luna o rectangular.

5. Sirve acompañada del jitomate cortado y aderezado con el resto del aceite.

Tip

Si lo deseas, puedes sustituir la albahaca por otros ingredientes, como champiñones u hojas frescas de espinaca.

TORTITAS CON Q CLÁSICAS

Las tortitas con Q son quizá la receta más mítica en mis redes sociales. Me ayudaron a introducir la avena, que es uno de los pocos cereales que incluyo en mi alimentación, y a desterrar el desayuno de pan tostado, que, si bien podría ser saludable, no es tan interesante nutricionalmente hablando. Esta receta puede estar dentro de tu menú de pérdida de grasa y es ideal para los días que decidas subir un poco la ingesta de hidratos de carbono.

INGREDIENTES (1 P.)

- 30 g de hojuelas de avena integrales

- 2 huevos o 150 ml de clara de huevo pasteurizada

- 5 ml de aceite de oliva virgen extra para engrasar la sartén

- 1 jitomate fresco

- Especias al gusto, por ejemplo, ajo, orégano y albahaca

ELABORACIÓN

1. Bate las claras o huevos con la avena hasta obtener una mezcla homogénea.

2. Con la ayuda de una brocha, engrasa una sartén de 15 cm de diámetro con aceite de oliva virgen extra y ponla al fuego.

3. Cuando esté caliente, baja el fuego al mínimo y vierte la mezcla hasta cubrir la sartén con una capa fina.

4. Cuando esté cuajada (verás que se abren pequeños agujeros en la superficie), dale la vuelta con la ayuda de una espátula.

5. Déjala hasta que se acabe de hacer y retírala.

6. Repite hasta acabar la mezcla.

7. Sirve las tortitas acompañadas del jitomate cortado y aderezado con aceite de oliva virgen extra y las especias.

No tires las yemas de los huevos. Si no tienes claras, usa huevos enteros (un par por persona si son grandes). Yo suelo usar claras pasteurizadas de bote o tetrapak porque permiten trabajar mejor las tortitas y aportan un sabor más suave.

TORTITAS CON Q DULCES

Para disfrutar de la versión dulce de las tortitas con Q clásicas basta con acompañarlas de fruta y añadir un poco de canela a la mezcla de claras y avena. Mi combinación preferida es con fresas y kiwi, ¡una delicia! Aunque lo ideal es usar frutas de temporada.

INGREDIENTES (1 P.)

* 30 g de hojuelas de avena integrales

* 2 huevos o 150 ml de clara de huevo pasteurizada

* 5 ml de aceite de oliva virgen extra para engrasar la sartén

* 2 piezas de fruta de temporada, por ejemplo, una manzana y una mandarina, o un kiwi y 4 fresas

* Canela al gusto

ELABORACIÓN

1. Bate las claras o huevos con la avena hasta obtener una mezcla homogénea.

2. Con la ayuda de una brocha, engrasa una sartén de 15 cm de diámetro con aceite de oliva virgen extra y ponla al fuego.

3. Cuando esté caliente, baja el fuego al mínimo y vierte la mezcla hasta cubrir la sartén con una capa fina.

4. Cuando esté cuajada (verás que se abren pequeños agujeros en la superficie), dale la vuelta con la ayuda de una espátula.

5. Déjala un instante hasta que se acabe de hacer y retírala.

6. Repite hasta acabar la mezcla.

7. Sirve las tortitas acompañadas de la fruta cortada en láminas y espolvorea con canela.

Tip

Las tortitas dulces son ideales para esas mañanas en las que necesitas un poco más de energía. En un proceso de pérdida de grasa, habrá días en los que tendrás que subirla ligeramente, ¡sobre todo si te toca entrenar duro!

TORTITAS CON Q CHOCOLATEADAS

Seguramente estarás pensando que esto de las tortitas con Q se pone interesante, e incluso tal vez dudas de si esta receta puede formar parte de tu menú para la pérdida de grasa. La respuesta es sí. Esta versión es algo más calórica, pero puedes elegir disfrutarla un día a la semana o, como ya hemos comentado, si ese día toca aumentar un poco la ingesta de calorías.

INGREDIENTES (1 P.)

* 50 g de hojuelas de avena integrales

* 3 huevos

* 5 ml de aceite de oliva virgen extra para engrasar la sartén

* 60-90 gramos de chocolate 90 % de cacao

* 50 ml de bebida vegetal o leche

* 1 cucharadita de *nibs* de cacao

ELABORACIÓN

1. Pon el chocolate en una tacita con la bebida vegetal o leche e introdúcela al micro a la mínima potencia, ve calentando de 30 en 30 segundos, sacando para remover. Cuida que no se queme la mezcla.

2. Bate los huevos con la avena hasta obtener una mezcla homogénea.

3. Con la ayuda de una brocha, engrasa una sartén de 15 cm de diámetro con aceite de oliva virgen extra y ponla al fuego.

4. Cuando la sartén esté caliente, baja el fuego al mínimo y vierte una cucharada de mezcla intentando que no se expanda. Dale la vuelta cuando esté consistente.

5. Sirve en un plato creando una torre, vierte el chocolate derretido y los *nibs* de cacao.

Tip

Puedes hacerlas menos energéticas usando la receta de las clásicas y solo 30 g de chocolate. En la sartén, cuando la tortita empiece a tomar consistencia, pon los 30 g de chocolate o 14 g sobre la mezcla y remuévela con el dedo para que se funda sobre la tortita.

Tip

Puedes hacerlas aún más ligeras reduciendo la cantidad de avena a 15 g por persona y añadiendo unos 100 g de calabaza asada a la mezcla de las tortitas.

Combinan genial con una taza de café solo.

TORTITAS CON Q DE INVIERNO

Esta receta es, dentro de las de tortitas, la más baja en energía, y es una de las formas más sencillas y deliciosas de disfrutar de este desayuno en otoño e invierno. Como irás viendo en este recetario, la calabaza es un vegetal bajo en energía y muy versátil. En esta ocasión la vamos a usar como si fuera una crema o mermelada para nuestras tortitas.

INGREDIENTES (1 P.)

- 1 trozo de calabaza asada
- 30 g de hojuelas de avena integrales
- 150 ml de clara de huevo pasteurizada
- 5 ml de aceite de oliva virgen extra para engrasar la sartén
- Canela

ELABORACIÓN

1. Bate las claras con la avena y un poco de canela hasta obtener una mezcla homogénea.

2. Con la ayuda de una brocha, engrasa una sartén de 15 cm de diámetro con aceite de oliva virgen extra y ponla al fuego.

3. Cuando la sartén esté caliente, baja el fuego al mínimo y vierte la mezcla hasta cubrir la sartén con una capa fina.

4. Cuando veas que está cuajada (se abren pequeños agujeros en la superficie) dale la vuelta con la ayuda de una espátula.

5. Déjala un instante hasta que se acabe de hacer y retírala.

6. Repite hasta acabar la mezcla.

7. Pon un trozo de calabaza asada sobre la tortita y espárcela con la ayuda de un tenedor para cubrirla, espolvorea con más canela.

8. Cierra o enrolla la tortita y ya está lista para disfrutar.

TORTITAS CON Q CETO

He llamado ceto a estas tortitas porque son las más bajas en hidratos de carbono de todo el recetario. Son ideales para los días en los que queremos bajar la ingesta de hidratos de carbono y aumentar la de grasas, para desayunos tipo ceto o, simplemente, cualquier día que se te antojen.

Su mayor contenido en grasas las convierte en más calóricas que las clásicas, pero no por ello son menos recomendables.

INGREDIENTES (1 P.)

* 3 huevos
* 30 g de jamón serrano
* 30 g de queso tierno de cabra
* 5 ml de aceite de oliva virgen extra
* Hojas variadas como lechuga verde y morada, y rúcula

ELABORACIÓN

1. Bate los huevos hasta tener una mezcla homogénea.

2. Con la ayuda de una brocha, engrasa una sartén de 15 cm de diámetro con aceite de oliva virgen extra y ponla al fuego.

3. Cuando la sartén esté caliente, baja el fuego al mínimo y vierte la mezcla hasta cubrir la sartén con una capa fina.

4. Cuando veas que está cuajada, dale la vuelta con la ayuda de una espátula.

5. Déjala un instante hasta que se acabe de hacer y retírala.

6. Repite hasta acabar la mezcla.

7. Coloca el jamón y el queso y añade los brotes verdes.

8. Enrolla las tortitas y sírvelas acompañadas de más brotes y lechuga.

Tip

Si añades el jamón y el queso cuando la tortita aún está en la sartén, lograrás que ambos ingredientes fundan mejor sus sabores.

Para la presentación, las anudamos con tallos de zanahorias. También puedes usar perejil para atarlas y presentarlas enrolladas.

TORTITAS CON Q A LA CARGA

Como habrás imaginado, estas son las tortitas con un mayor aporte de energía. Aunque tu objetivo sea reducir el porcentaje de grasa, puedes disfrutar de esta deliciosa receta en algún desayuno a la semana si es un día de carga, de entrenamiento muy intenso o porque se te antojen.

INGREDIENTES (1 P.)

- 30 g de hojuelas de avena integrales
- 150 ml de clara de huevo pasteurizada
- 5 ml de aceite de oliva virgen extra
- 1 plátano
- 40 g de crema de frutos secos (cacahuate, avellana, almendra o nuez de la India)

ELABORACIÓN

1. Bate las claras con la avena hasta obtener una mezcla homogénea.

2. Con la ayuda de una brocha, engrasa una sartén de 15 cm de diámetro con aceite de oliva virgen extra y ponla al fuego.

3. Cuando esté caliente, baja el fuego al mínimo y vierte la mezcla hasta cubrir la sartén con una capa fina.

4. Cuando esté cuajada (verás que se abren pequeños agujeros en la superficie), dale la vuelta con la ayuda de una espátula.

5. Déjala un instante hasta que se acabe de hacer y retírala.

6. Repite hasta acabar la mezcla.

7. Corta el plátano en rodajas o tritúralo para mezclarlo con la crema de frutos secos.

8. Añade el plátano y decora con la crema de frutos secos previamente revuelta con una cuchara y a disfrutar!

TORTITAS CON Q VEGANAS

Esta receta es ideal para quienes llevan una dieta vegetariana estricta o tienen algún tipo de alergia o intolerancia al huevo.

INGREDIENTES (1 P.)

* 40 g de harina de garbanzo
* 25 g de semillas de linaza
* 150 ml de agua
* 5 ml de aceite de oliva virgen extra
* 1 jitomate
* ½ aguacate
* Orégano al gusto

ELABORACIÓN

1. Mezcla el agua con la harina de garbanzo y las semillas de linaza, pasa la mezcla por la batidora y déjala reposar.

2. Corta el jitomate y el aguacate en rodajas.

3. Con una brocha, engrasa una sartén de 15 cm de diámetro con aceite de oliva virgen extra y ponla al fuego.

4. Mientras tanto, vuelve a batir la mezcla.

5. Cuando la sartén esté caliente, baja el fuego al mínimo y vierte la mezcla hasta cubrir la sartén con una capa un poco gruesa.

6. Cuando veas que la masa está cuajada, dale la vuelta con la ayuda de una espátula. Estas tortitas tardan más en cuajarse que las tradicionales y es recomendable hacerlas con el fuego muy bajo, así que ten más cuidado al darles la vuelta.

7. Déjala hasta que se acabe de hacer y retírala.

8. Repite hasta acabar la mezcla.

9. Sazona el jitomate y el aguacate con orégano y aceite.

10. Acompaña las tortitas con estos *toppings*.

La harina de garbanzo se encuentra fácilmente en el supermercado o, si no, la puedes hacer en casa. Si la compras, asegúrate de que la lista de ingredientes se reduzca a uno: garbanzo.

Puedes preparar el aguacate a modo de untable, en lugar de en rodajas, más recomendable cuando está verde. Saca la pulpa con una cuchara grande, machácalo con un tenedor sobre una tabla o en un plato, añádele una pizca de sal y pimienta, un chorrito de aceite de oliva virgen extra, unas gotas de limón para retardar su oxidación y mézclalo todo hasta que quede una especie de guacamole.

Tip

Puedes usar únicamente 150 - 200 g de hojuelas de avena o sustituir la harina de garbanzos por la misma cantidad de hojuelas de trigo sarraceno.

Si se te antoja una versión dulce, cambia la sal por canela y añade un plátano a la mezcla inicial, ¡obtendrás un pan de plátano!

Te recomiendo que empieces a mirar el pan blanco que consumes a diario y los alimentos que contienen harina de trigo o almidón con los mismos ojos con los que miras el azúcar añadido.

PAN CON Q

No es que el pan sea el «demonio» en sí mismo, pero sí es el alimento más consumido y crea cierta dependencia en muchas personas, ya que el pan que comemos hoy en día está muy refinado y es excesivamente palatable y poco saciante. Desplazar su consumo y sustituirlo por más hortalizas puede generar una enorme mejora en la calidad nutricional de tu dieta. ¿Estoy diciendo que no vuelvas a comerlo nunca jamás? No pretendo eso (a no ser que tengas alguna patología que mejore excluyéndolo), simplemente te propongo que no sea la base de tu dieta.

Este pan es más nutritivo y saciante que el que se comercializa porque contiene más fibra y proteína, es delicioso y su consumo será esporádico, ya que implica elaborarlo.

INGREDIENTES (4 P.)

* 50 g de harina de garbanzo
* 100 g de hojuelas de avena integrales
* 1 cucharadita de levadura
* 3 huevos de campo
* Aceite de oliva virgen extra para engrasar el molde
* Semillas variadas (linaza, chía, amapola, semillas de girasol y calabaza, etc.)
* ½ cucharadita de sal

ELABORACIÓN

1. Precalienta el horno a 170 °C con calor solo en la parte de abajo.

2. Mezcla, con la ayuda de la batidora, la harina de garbanzo, las hojuelas de avena, la levadura, los huevos y la sal hasta obtener una masa homogénea.

3. Engrasa con el aceite el fondo y las paredes de un molde (te recomiendo uno rectangular de silicona) y vierte en él la mezcla anterior.

4. A continuación añade las semillas.

5. Introduce el molde en el horno y déjalo unos 30 - 40 minutos aproximadamente, hasta que el pan suba y esté dorado.

CAFÉ *FIT* CON Q

Esta forma de romper el ayuno es ideal si eres de esas personas que tienen prisa en las mañanas. Si te gusta el café, tomarlo solo es una estupenda opción para mantener el ayuno nocturno, pero si no vas a tener oportunidad de tomar algo a lo largo de la mañana y tienes que aguantar hasta la hora de la comida, esta propuesta, que añade proteína de suero en polvo, te ayudará a mantener la saciedad. También es buena idea tomar este preparado si te cuesta ingerir la cantidad óptima de proteínas diarias o si quieres una excelente ingesta preentrenamiento.

INGREDIENTES (1 P.)

* Café natural (molido o en grano para moler en casa)

* 15 g de proteína de suero concentrada o aislada sabor galleta

* 15 g de proteína de suero concentrada o aislada sabor neutro

* 200 ml de agua para mezclar la proteína

* 2 g de cacao puro en polvo desgrasado

* Canela al gusto

ELABORACIÓN

1. Prepara el café de la forma habitual, solemos hacerlo en cafetera italiana.

2. Mientras sube el café, bate la proteína y el cacao con el agua en un mezclador o coctelera, de ser posible de acero inoxidable.

3. Una vez listo el café, sirve una buena taza, 30 - 60 ml aproximadamente, y añade la mezcla de proteína, cacao y agua.

4. Espolvorea con canela al gusto. ¡A disfrutar de la mañana!

Tip

Combinamos la proteína sabor galleta con la neutra porque la primera es muy dulce y contiene edulcorante. Si quieres reducir el dulzor puedes usar solo 30 g de proteína sabor neutro.

Si tienes aún más prisa, puedes usar café soluble natural, unos 3 - 5 g por persona, y en este caso añadir el café con la proteína en el mezclador, para agitarlo todo junto.

En verano, puedes añadirle hielo picado a tu taza antes de servir.

Sabías que...

La **proteína de suero**, también conocida por su nombre en inglés *whey protein*, suele considerarse un suplemento deportivo, pero, en realidad, por su composición, no es más que un alimento en polvo compuesto principalmente por proteínas extraídas del suero lácteo, que es un subproducto de la elaboración de algunos quesos. Solía comercializarse como suplemento para ganar masa muscular, ya que contiene en buena cantidad un aminoácido, la leucina, muy implicado en el proceso, pero la proteína de suero no puede hacerte ganar masa muscular por sí misma. Actualmente hay evidencias que relacionan el consumo de proteína de suero con ciertos aspectos de salud y, si hablamos de perder grasa, también podemos observar ventajas, por ejemplo, en este caso: aumenta la ingesta de proteínas, que no iban a ser incluidas de otra forma en el desayuno (porque solemos decir eso de «no se me antoja cocinar»); aumenta la saciedad, lo que evita que tomemos *snacks* poco saludables a lo largo de la mañana; y crea adherencia porque es práctica y de consumo agradable.

La proteína de suero se comercializa principalmente de tres formas:

* La **concentrada**, que suele tener un nivel bajo (aunque significativo) de grasa e hidratos de carbono en forma de lactosa y que, en general, contiene entre un 29 y un 89 por ciento de proteína. Tiene un ligero sabor a leche, por eso combina bien con el café.

* La **aislada**, que se procesa para eliminar la grasa y la lactosa, pero que suele ser más baja en compuestos bioactivos. Contiene un 90 por ciento o más de proteína y, al igual que la concentrada, tiene un ligero sabor a leche.

* La **hidrolizada**, que contiene proteínas parcialmente predigeridas para que sean más fáciles de metabolizar. Suele ser más cara, por lo que solo la recomendaría a personas con sensibilidad a la lactosa.

Añadir proteína a tu café matutino puede ayudarte a rendir más en el trabajo y en el deporte si entrenas por las mañanas. Además, es un producto de fácil digestión y, aunque procesado, aporta beneficios.

COMIDAS CON

Priorizar las ensaladas a diario puede hacer más de lo que imaginas por tu salud y tu objetivo de pérdida de grasa. Uno de mis consejos consiste en que el plato central de tus comidas y tus cenas sea una ensalada. Usándolas como base, es muy sencillo generar menús hipocalóricos pero densos en nutrientes. Te traigo siete recetas de ensaladas frescas para tomar en tus comidas (¡combínalas con las ensaladas del apartado de cenas!). Son perfectas como plato único por su alto aporte proteico, aunque también las puedes comer como guarnición de uno de los platos calientes que te propongo.

ENSALADA CON Q BÁSICA

INGREDIENTES (1 P.)

* 40 g de lechuga

* 1 jitomate fresco

* 1 pepino pequeño

* 1 o 2 zanahorias medianas

* 30 g de semillas variadas: ajonjolí, semillas de calabaza y girasol

* 1 lata de atún al natural

* 1 huevo campero

* Orégano y albahaca

* 10 ml de aceite de oliva virgen extra

ELABORACIÓN

1. Para esta ensalada en vez de solo lechuga de un tipo puedes combinar distintas variedades: romana, morada, hoja de roble, etc. Incluso otras hojas, como canónigos y espinacas.

2. Lava y trocea las verduras. Ponlas en un bol grande.

3. Pon el huevo a hervir durante cinco minutos exactos. Cuando esté, refréscalo y pélalo.

4. Tuesta las semillas en una sartén y resérvalas.

5. Añade el huevo duro troceado, el atún desmenuzado y sazona con el aceite y las hierbas.

6. Remata tu ensalada con las semillas tostadas, que aportarán un toque crujiente.

Tip

Puedes hacer variaciones de esta ensalada con Q jugando con el corte y la presentación de las hortalizas. Por ejemplo, la zanahoria la puedes presentar cortada en rodajas, palitos o rallada.

El atún al natural es una buena opción, pero también lo son otras conservas de pescado, mejillones o berberechos al natural.

También puedes hacer el huevo estrellado en lugar de cocido, y coronar la ensalada poniéndolo encima.

SALMOREJO DE NARANJA

Este plato se prepara con el primer aceite de la temporada, muy denso, verde y sabroso, que coincide también con las primeras naranjas, por lo que es un plato más bien de otoño. El sabor intenso del aceite neutraliza un poco el dulzor y el frescor de la naranja.

Para mí es la fusión de mis dos casas: Córdoba, donde nace el aceite de fabricación familiar, y Valencia, donde he aprendido a apreciar las buenas naranjas.

INGREDIENTES (1 P.)

- 1 o 2 naranjas de temporada
- ½ cebolla
- 60 g de atún al natural
- 1 huevo de campo
- 15 ml de aceite de oliva virgen extra, si es posible, de sabor intenso

ELABORACIÓN

1. Pon a hervir el huevo durante 8 - 9 minutos, refréscalo y pélalo.

2. Corta en trozos pequeños de tamaño uniforme la naranja y la cebolla, y mézclalo todo en un bol.

3. Añade el atún desmenuzado y el huevo duro troceado y vuelve a mezclar con las manos en el bol.

4. Adereza con el aceite y ya está listo para servir.

Tip

Mi padre siempre me decía que este es un plato típico cordobés, pero, para mí, es una receta suya, de casa. El original lleva naranja, cebolla, bacalao y mucho aceite fresco, pero mi padre le pone atún al natural, y yo también, claro. Como toque personal le solemos añadir cebollín picado.

ENSALADA ARCOÍRIS

Esta colorida ensalada es ideal para consumir garbanzos de forma más fresca. Esta legumbre, además de fibra, contiene proteína completa, lo que significa que cuenta en su composición con todos los aminoácidos esenciales en cantidades suficientes, y es, por lo tanto, un fantástico ingrediente para aportar proteína a nuestros platos, algo especialmente importante si tu alimentación excluye los productos de origen animal. Además, en este caso, combinamos la legumbre con pimiento crudo, que es uno de los alimentos con mayor contenido de vitamina C.

INGREDIENTES (1 P.)

- 100 g de garbanzos en conserva
- 200 g de pimiento verde, rojo y amarillo combinados
- 1 jitomate o 100 g de jitomates *cherry*
- ½ pepino
- 70 g de col morada
- 50 g de arándanos
- 10 ml de aceite de oliva virgen extra
- Pimienta
- Hierbabuena o cilantro al gusto

ELABORACIÓN

1. Escurre los garbanzos (intenta elegir una variedad nacional) con un colador bajo el grifo y resérvalos.

2. Lava y corta las hortalizas al gusto y mézclalas en un bol con los garbanzos escurridos.

3. Aderézalo todo con el aceite de oliva virgen extra, la pimienta y la hierba aromática que hayas elegido. ¡Da alegría ver tanto color en el plato!

Tip

Si lo deseas, puedes sustituir los garbanzos por frijoles de cualquier variedad o lentejas.

ENSALADA DE POLLO Y MANZANA

Este es un plato muy nutritivo y saciante que te puede servir para los días que tengas más apetito o sepas que no vas a poder merendar. Cada vez que encuentres en tu ensalada un trozo de manzana, entenderás por qué es una de mis ensaladas favoritas.

INGREDIENTES (2 P.)

* 80 g de ensalada variada
* 1 jitomate
* 1 pepino
* 2 zanahorias
* 1 manzana
* 250 g de pollo o pavo cocinado al vapor, a la plancha o que te haya sobrado de otra comida
* 15 g de semillas de ajonjolí
* 15 ml de aceite de oliva virgen extra
* Orégano, albahaca y pimienta al gusto

ELABORACIÓN

1. Lávalo todo dejando la piel.

2. Coloca la ensalada variada (lechuga, espinacas frescas o las hojas verdes que más te gusten) lavada y escurrida en un bol.

3. Corta el jitomate, el pepino y las zanahorias y añádelos al bol sobre la lechuga.

4. Pon el ajonjolí en una sartén para tostarlo, tápalo porque salta y apaga el fuego en cuanto oigas saltar la primera semilla. Cuida que no se te queme.

5. Coloca el ajonjolí tostado en un bol diferente y reboza el pollo ya cocinado y cortado en cubos en el ajonjolí.

6. Añade el pollo rebozado en ajonjolí a la ensalada.

7. Corta la manzana como más te guste, te recomiendo en cubos o rodajas, y colócala sobre la ensalada.

8. Sazona con las especias y el ajonjolí tostado que haya quedado y el aceite de oliva virgen extra.

Tip

Esta ensalada incluye pollo o pavo como proteína, y puede servirte como plato de aprovechamiento. Por ejemplo, si encendiste el horno para otra cosa, puedes asar un poco de pollo y reservarlo para esta receta. Y lo mismo si tienes sobras de carne cocida de un caldo.

ENSALADA A LA ITALIANA

Te habrás dado cuenta de que no usamos trigo en ninguna receta de este libro, por eso, para esta receta vamos a utilizar pasta de lenteja roja. Es importante que, cuando la compres, te fijes en que la lista de ingredientes solo incluya lenteja. De hecho, la pasta no me parece un alimento muy interesante nutricionalmente. La pasta de lentejas nos aporta hidratos de carbono, pero algo menos que la pasta de trigo, y más proteína y fibra que esta, por lo que resulta más saciante. Además, este es un plato estupendo para las personas que no consumen gluten.

INGREDIENTES (1 P.)

* 50 g de pasta de lenteja roja pesada en seco
* 30 g de jitomate seco
* 100 g de *mozzarella* fresca (una bola)
* Albahaca fresca
* 1 diente de ajo
* 15 ml de aceite de oliva virgen extra

ELABORACIÓN

1. Hierve la pasta con un diente de ajo machacado y un buen chorro de aceite de oliva virgen extra durante 5 minutos, o lo que indique el fabricante, escurre y reserva.

2. Trocea el jitomate seco, y reserva. Me gusta dejar las hojas de albahaca frescas enteras, pero también las puedes cortar en juliana.

3. Mezcla en un bol pequeño el aceite con el ajo para que se incorporen mejor los sabores.

4. Coloca la pasta en un plato e incorpora el jitomate seco y las hojas de albahaca; en el centro, la bola de *mozzarella*. Otra opción es mezclar todos los ingredientes en un bol y aderezar con el aceite que habíamos dejado reposar con el ajo.

Tip También puedes preparar un aderezo especial para esta ensalada. Mezcla en un mortero el aceite de oliva virgen extra, el ajo y las hojas de albahaca cortadas, machaca para que se fusionen los sabores y añádelo al plato.

ENSALADA DE OTOÑO

La granada es un auténtico tesoro nutricional, aunque no se consume con frecuencia porque no es tan práctica como otras frutas con las que comparte temporada. Tiene un contenido muy bajo de calorías, pero innumerables compuestos beneficiosos, entre los que destacan el potasio, la vitamina C, los flavonoides antioxidantes y los taninos.

INGREDIENTES (1 P.)

* 40 g de espinacas frescas
* 1 granada
* 50 g de queso feta
* 30 g de nueces
* 10 ml de aceite de oliva virgen extra

ELABORACIÓN

1. Lava y escurre las espinacas.

2. Desgrana la granada. Córtala en cuatro trozos y, con la ayuda de una cuchara de madera, ve dando golpes secos sobre un bol grande y separa los granos que se resistan manualmente o con ayuda de la cuchara.

3. Coloca las espinacas en un bol, añade la granada y las nueces partidas previamente.

4. Corta el queso feta en cubos y añádelo al bol.

5. Adereza con el aceite de oliva virgen extra y sirve.

Tip

Las nueces y el queso feta son alimentos nutritivos pero elevados en energía. Se pueden incluir en nuestro menú enfocado en la pérdida de grasa, pero te recomiendo que controles la cantidad y la frecuencia de consumo. Combínalos con vegetales, como en esta ensalada.

ENSALADA TROPICAL

Aunque la denominación suene veraniega, esta es la típica ensalada navideña de mi casa, porque sí, se puede incluir una ensalada saludable en el menú navideño.

INGREDIENTES (2 P.)

* 4 corazones de lechuga o 70 g de lechuga hoja de roble

* 1 jitomate grande o 2 pequeños

* 1 zanahoria

* 1 carambola

* 150 g de camarones cocidos

* 20 g de piñones o semillas

* 10 g de semillas de calabaza

* 20 ml de aceite de oliva virgen extra

* Especias al gusto

ELABORACIÓN

1. Lava y trocea los corazones, el jitomate, la zanahoria y la carambola, procurando que esta última mantenga la forma de estrella. Ponlo todo en una bandeja.

2. Tuesta en una sartén los piñones y las semillas de calabaza. Reserva.

3. Añade los camarones a la bandeja y pon encima las semillas tostadas.

4. Sazónalo todo con especias y aceite de oliva virgen extra.

Tip

La clave de esta ensalada es la carambola, o fruta estrella. En casa la solemos usar porque es una fruta muy típica de la costa granadina, cuya temporada va de diciembre a febrero. Es deliciosa. Recuerda un poco a la piña, pero tiene un sabor más suave. Puedes crear una ensalada navideña añadiendo esta fruta a cualquier otra ensalada de este recetario. ¡Que la ensalada pase a formar parte de nuestros menús festivos!

GARBANZOS CON BACALAO

Este plato tradicional, muy habitual en las décadas de 1960 y 1970, ha caído actualmente algo en desuso salvo en algunas regiones andaluzas, donde suele prepararse en Semana Santa. Se antoja mucho en invierno, pero también se puede tomar templado o incluso frío aderezado. Es muy nutritivo y saciante, y permite comer menos cantidad de legumbre, porque va acompañada de bacalao, uno de los pescados con mayor aporte proteico.

ELABORACIÓN

1. Pon a calentar un chorrito de aceite de oliva virgen en una olla.

2. Pela, lava y trocea la cebolla y ponla a dorar en la olla, baja el fuego para que no se queme.

3. Machaca, pela y añade los ajos a la olla.

4. Añade pimienta al gusto y ½ cucharadita de pimentón, remueve con cuidado para que no se queme el pimentón o estropeará la receta y añade inmediatamente una taza de agua.

5. Lava y corta las zanahorias en rodajas y añádelas, y cuécelas unos 5 minutos.

6. Lava, trocea y añade las acelgas a la olla y deja que hierva todo otros 5 minutos.

7. Durante los 10 minutos de cocción de las zanahorias y las acelgas, en otra sartén pon a calentar un chorrito de aceite donde iremos dorando lentamente los lomos de bacalao sin marearlos, es decir, haciéndolos primero por un lado y dándoles la vuelta cuando estén dorados, con poco aceite y con cuidado.

8. Apaga el fuego transcurridos los 10 minutos y añade los garbanzos cocidos. Déjalo reposar hasta que hayas terminado de dorar los lomos de bacalao.

9. Sirve los garbanzos en una ollita de barro o en un plato y coloca el bacalao cocinado por encima. Acompaña el plato con el huevo duro, que puedes trocear y mezclar para comerlo todo junto.

NGREDIENTES (2 P.)

- 00 g de garbanzos
  ocidos

- 50 g de lomo de
  acalao fresco
  congelado

- 00 g de acelgas o
  spinacas, frescas
  congeladas

- dientes de ajo

- ½ cebolla

- 2 zanahorias

- huevos duros

- 5 ml de aceite de
  liva virgen extra

- cucharadita de
  imentón dulce

Tip

Aunque en algunos recetarios se realiza con bacalao salado, yo te propongo hacer este plato con bacalao fresco, que puede ser congelado, ya que conserva la mayoría de sus propiedades y es un gran aliado para añadir proteína a nuestros platos.

CALAMARES DE CASA

Este es un plato muy saciante y bajo en energía. Si estás en un momento en el que quieres potenciar la pérdida de grasa, inclúyelo semanalmente.

INGREDIENTES (2 P.)

* ½ kg de calamares
* 1 poro
* 1 cebolla
* ½ pimiento rojo o verde
* 400 g de chícharos
* 15 ml de aceite de oliva virgen extra
* 150 ml de vino blanco suave
* 2 dientes de ajo
* Pimienta
* 1 hoja de laurel

ELABORACIÓN

1. Lava muy bien el poro, la cebolla y el pimiento. Córtalo todo en juliana y reserva.

2. Limpia y trocea los calamares. Reserva.

3. Pon el aceite de oliva virgen extra a calentar y añade el ajo machacado. Cuando empiece a tomar color añade el poro, la cebolla y el pimiento. Baja el fuego.

4. Cuando se haya pochado todo un poco, añade los calamares y remueve. Agrega pimienta al gusto y añade el vino blanco.

5. Deja que se cocine todo junto unos 10 minutos, añade los chícharos y deja que hierva otros 5 - 10 minutos. Espera a que se reduzca el líquido y déjalo reposar antes de servir.

Tip

Ten en cuenta que, si lo cocinas en una olla de barro, al apagar el fuego se conserva el calor y sigue hirviendo. Si lo elaboras en otro tipo de olla o sartén, observa y retira antes de que se consuma.

Con este mismo procedimiento también puedes cocinar pescado blanco o azul, pero ten en cuenta que necesita menos tiempo de cocción que el calamar o la sepia.

TORTILLA ESPAÑOLA DE PAPA CON Q

La tortilla española de papas es una de esas recetas que te da una buena alegría en un protocolo de pérdida de grasa. El único inconveniente es que suele hacerse con papas fritas, una técnica en la que absorben demasiado aceite y, encima, no de la mejor calidad o muy recalentado, lo que puede generar sustancias nocivas.

INGREDIENTES (2 P.)

- 5 huevos o 2 huevos y 200 ml de clara pasteurizada
- 300 g de papa
- ½ pimiento verde
- ½ cebolla pequeña
- 15 ml de aceite de oliva virgen extra

ELABORACIÓN

1. Prepara las papas con antelación para que tengan tiempo de enfriarse. Puedes aprovechar para hacerlas algún día que cocines verduras al vapor o al horno y conservarlas en el refrigerador. También las puedes hacer en el microondas, enteras y sin pelar (1 papa de 200 g tarda unos 4 minutos en hacerse en el microondas a 800).

2. Lava y corta el pimiento y la cebolla.

3. Pon la mitad del aceite en la sartén que vayas a usar. Sofríe un poco la cebolla y el pimiento, sácalos y reserva.

4. Bate los huevos en un bol.

5. Corta la papa en rodajas o palitos.

6. Pon en el bol del huevo la cebolla, el pimiento y la papa. Yo no le pongo sal, pero le puedes añadir una pizca.

7. Pon el aceite restante en la sartén a fuego alto, repártelo con una brocha de cocina y vierte la mezcla de papas, huevo, pimiento y cebolla. Baja el fuego al mínimo y deja que cuaje lentamente antes de darle la vuelta.

La papa cocida y enfriada está en los primeros puestos de alimentos más saciantes. Además, preparada de este modo tiene un gran efecto prebiótico, beneficioso para tu intestino, porque el almidón de la papa calentada y enfriada sufre un proceso denominado retrogradación, en el que las moléculas en los gránulos de almidón gelatinizados comienzan a reasociarse en una estructura ordenada y dan lugar a lo que se denomina almidón resistente, porque es capaz de resistir la digestión y se mantiene íntegro a lo largo del tracto gastrointestinal. Por este motivo se comporta como una fibra, es saciante, y sirve de alimento a los microorganismos beneficiosos de nuestro intestino.

Si te sobra de la comida o la cena del día anterior, guárdala para el desayuno de la mañana siguiente.

TACOS CON Q

INGREDIENTES (1 P.)

* 3 - 5 hojas de lechuga romana
* 150 - 200 g de pechuga de pollo o pavo
* 1 zanahoria
* ½ cebolla
* ¼ de pimiento verde
* ¼ de pimiento rojo
* 1 jitomate fresco
* Cebollín
* Curry o cúrcuma
* Pimienta negra
* 1 diente de ajo
* Cilantro (opcional)
* 15 ml de aceite de oliva virgen extra

ELABORACIÓN

1. Lava las hojas de lechuga romana, escúrrelas y reserva.

2. Pon una sartén a fuego medio con un chorrito de aceite de oliva virgen extra.

3. Corta la cebolla en juliana y añádela a la sartén y baja el fuego.

4. Pica el diente de ajo y añádelo.

5. Corta el pimiento en tiras, ralla la zanahoria y añádelos.

6. Por último, corta las pechugas también en tiras y hazlas en la sartén añadiendo el curry y el resto de las especias al gusto.

7. Mientras se cocina lo añadido a la sartén, lava y trocea en cubos el jitomate.

8. Antes de retirar del fuego, prueba y corrige de especias. Si quieres, añade el cilantro sin picar demasiado al jitomate. Si no te gusta el cilantro, puedes usar perejil.

9. Corta el cebollín para añadir por encima de los tacos una vez que estén montados.

10. Monta los tacos con las hojas de lechuga o lleva los elementos a la mesa por separado para que cada comensal se haga el suyo. Por supuesto, este plato está más rico si se come con las manos. ¡A disfrutar!

ESPAGUETIS DE CALABACITA

Este es un plato vegetariano muy nutritivo, alto en proteína y mucho más bajo en energía e hidratos de carbono que un plato de pasta de trigo. Además, la soya texturizada y el hecho de que la calabacita esté cruda hacen que sea muy saciante.

INGREDIENTES (1 P.)

* ½ calabacita grande
* 50 g de soya texturizada, en seco (ten en cuenta que aumenta mucho de volumen al hidratarse)
* ½ cebolla
* ¼ de pimiento rojo
* ¼ de pimiento verde
* 1 zanahoria
* 1 diente de ajo
* 150 g de jitomate en conserva, triturado o troceado
* Orégano, pimienta y albahaca
* Perejil para decorar
* 10 ml de aceite de oliva virgen extra

ELABORACIÓN

1. Pon la soya texturizada a remojo en un bol como mínimo media hora antes de empezar a cocinar. Yo le cambio el agua una vez.

2. Lava y corta la calabacita en tiras para hacer los espaguetis. Se puede hacer a mano con el cuchillo y bastante maña y paciencia, o comprar una herramienta especializada llamada espiralizador. Una vez cortada, resérvala.

3. Para preparar la boloñesa, pon una sartén al fuego con un chorrito de aceite.

4. Lava y pica la cebolla y añádela a la sartén.

5. Baja el fuego y añade el diente de ajo picadito.

6. Lava y corta el pimiento al gusto, añádelo.

7. Lava y corta las zanahorias al gusto, quedan bien en tiras o en rodajas, y ponlas en la sartén.

8. Añade la soya texturizada a la sartén.

9. Añade el jitomate y las especias, remueve y sube el fuego para que reduzca, ya que tanto las verduras como la soya tienen bastante agua.

10. Pon los espaguetis de calabacita en un bol y cúbrelos con la boloñesa vegetariana.

Tip

Si no te atreves con la calabacita cruda, puedes añadirla a la sartén cuando el fuego ya está apagado. Remueve un poco y será suficiente para que los espaguetis de calabacita se pongan un poco más blanditos, intenta no pasarte o quedarán muy consumidos.

Cuando compres conservas de jitomate lee bien la etiqueta y elige las que no lleven ningún tipo de azúcar añadido.

Esta forma de preparar la coliflor, que se dice que fue creada por Ferran Adrià, se conoce como «falso arroz» o «cuscús de coliflor», por lo que también te servirá para hacer recetas que típicamente se hacen con sémola de trigo, muy poco interesante nutricionalmente. Con un poco de curry y cilantro, por ejemplo, es deliciosa.

COLIRROZ A LA CUBANA

Vamos a hacer el típico arroz a la cubana sustituyendo el arroz por coliflor. Acompañado de un par de huevos estrellados es un plato saciante pero ligero. Además, el colirroz se puede usar como guarnición tanto de carnes como de pescados en otras preparaciones.

INGREDIENTES (1 P.)

- ¼ de coliflor
- 1 diente de ajo
- 2 zanahorias
- 10 ml de aceite de oliva virgen extra
- Orégano, pimienta y sal
- 2 huevos
- 100 g de jitomate en conserva, triturado
- 1 zanahoria

ELABORACIÓN

1. Corta la coliflor en cuatro partes. Quita el tronco central y resérvalo para otra ocasión (por ejemplo, el puré verde). Lava bien las flores bajo el grifo de agua fría y deja que escurra.

2. Con la ayuda de un robot de cocina o procesador (también existen utensilios específicos para este fin), tritura la coliflor hasta conseguir unos granitos semejantes al cuscús. Reserva.

3. Machaca el diente de ajo y ponlo en la sartén con un chorrito de aceite de oliva virgen a fuego alto. Pon en ella los dos huevos y baja el fuego o incluso apágalo para que se hagan lentamente y no se cuajen las yemas.

4. Lava y corta las zanahorias en palitos. Reserva.

5. Pon el jitomate triturado en un bol. Añade sal, pimienta y orégano al gusto.

6. Sirve en un plato el colirroz, pon la salsa de jitomate y los huevos por encima y acompáñalo con tus palitos de zanahoria.

LENTEJAS VEGETARIANAS

INGREDIENTES (2 P.)

* ½ taza de lentejas, recomiendo pardinas
* ½ cebolla
* 2 dientes de ajo
* 30 g de espinacas frescas o 50 g de espinacas congeladas
* 2 zanahorias
* ½ pimiento rojo
* ½ pimiento verde
* 1 jitomate fresco o 150 g del natural troceado en conserva
* 1 hoja de laurel
* 1 cucharadita de pimentón dulce
* 15 ml de aceite

ELABORACIÓN TRADICIONAL:

1. Pon las lentejas en remojo si lo indica el paquete.

2. Pon la olla a fuego medio con un chorrito de aceite de oliva virgen extra.

3. Mientras el aceite se calienta, corta la cebolla y añádela a la olla y baja el fuego al mínimo.

4. Machaca los dientes de ajo y añádelos a la olla.

5. Lava, trocea en cubos muy pequeños y añade el jitomate.

6. Lava los pimientos, trocéalos y añádelos.

7. Lava y corta las zanahorias en rodajas y añádelas junto con las espinacas.

8. Añade las lentejas escurridas.

9. Pon 2.5 tazas de agua fría. Si no han quedado cubiertos todos los ingredientes, añade un poco más hasta cubrirlos.

10. Sube el fuego hasta que empiece a hervir.

11. Cuando empiece a hervir, baja el fuego, añade la hoja de laurel y el pimentón. El tiempo de cocción es de 40 - 45 minutos.

PARA MARINAR

- Colas de salmón
  fresco, con piel
  y sin espinas

- Sal marina y sal
  para ahumar

INGREDIENTES (1 P.)

- 150 g de salmón
  ahumado en casa

- 3 corazones de
  lechuga pequeños

- 1 *skyr* o 100 g de
  queso fresco batido

- ¼ de pimiento rojo
  crudo o asado

- 5 ml de aceite de
  oliva virgen extra

- Ajo en polvo

- Pimienta, orégano,
  albahaca y eneldo

Tip

El salmón, como todo el pescado azul, es una magnífica fuente de ácidos grasos omega-3 y consumirlo crudo nos garantiza que los vamos a asimilar de manera óptima. Puedes usarlo en lugar de carnes frías (que a estas alturas ya habrás dejado de comprar) o para recetas tan elegantes como esta. También es ideal para rellenar tortitas de desayuno.

CORAZONES DE LECHUGA CON SALMÓN «AHUMADO EN CASA»

ELABORACIÓN

1. Congela el salmón durante un mínimo de 72 horas para eliminar cualquier tipo de parásito.

2. Descongela el salmón, lávalo bajo un chorro de agua y sécalo con papel de cocina.

3. Mezcla en un bol dos tercios de sal marina con un tercio de sal para ahumar.

4. En un recipiente de vidrio con cierre hermético coloca una capa gruesa de la mezcla de sal, pon encima el salmón y cúbrelo totalmente con más mezcla de sal.

5. Cierra el recipiente y déjalo reposar 24 horas en el refrigerador (si salas dos colas serán necesarias 48 horas). Transcurrido el tiempo, saca el salmón de la sal y lávalo bajo el chorro de agua.

6. Sécalo y déjalo reposar uno o dos días más en el refrigerador, ya sin sal, en un recipiente hermético de vidrio.

7. A la hora de servir, córtalo en rebanadas finas con un cuchillo bien afilado.

Empieza aquí si ya tienes salmón ahumado:

1. Lava y corta los corazones por la mitad y ponlos en una bandeja.

2. Mezcla el *skyr*, el ajo en polvo, la pimienta, la albahaca y el orégano para crear la salsa. Extiende un poco sobre cada corazón y cúbrelo con una rebanada de salmón.

3. Asa el pimiento o hazlo en el microondas. Córtalo y colócalo decorando el plato.

4. Sazónalo todo con un poco de pimienta, eneldo y aceite de oliva virgen extra.

ENSALADA TEMPLADA

Esta sencilla receta puede ser tu gran aliada en las cenas: rápida y saludable. Es un plato ideal para hacer cuando vuelves de un viaje, ya que todos los ingredientes pueden ser conservas e incluso puedes haber dejado hechos huevos duros para evitar que se estropeen.

INGREDIENTES (1 P.)

* 150 - 200 g de ejotes, frescos o congelados

* 1 jitomate fresco o 150 g de jitomate troceado en conserva

* 60 g de atún al natural

* 1 huevo

* 15 g de mezcla de semillas de calabaza y ajonjolí

* Orégano y albahaca

* 10 ml de aceite de oliva virgen extra

* Cebollín

ELABORACIÓN

1. Limpia y trocea los ejotes y cocínalos unos minutos al vapor hasta que estén hechos pero aún crujientes. Escúrrelos y reserva.

2. Pon el huevo a hervir 10 minutos exactamente. Refréscalo y pélalo.

3. Pon una sartén al fuego sin aceite y tuesta en ella las semillas a fuego muy bajo uno o dos minutos.

4. Lava el jitomate y trocéalo.

5. Pon los ejotes en un bol y añade el jitomate troceado, el atún escurrido y el huevo duro.

6. Sazona con las especias al gusto, añade el cebollín cortado y el aceite de oliva virgen extra.

7. Añade las semillas tostadas.

Tip Esta ensalada queda igual de buena con brócoli, calabacita o espárragos trigueros cocinados al vapor.

ENSALADA CAPRESE

Esta sencilla ensalada aporta una buena ración de proteína, gracias a la *mozzarella*, ácidos grasos saludables y un sinfín de placeres para los sentidos. En mi versión le añado aceitunas negras.

INGREDIENTES (1 P.)

* 1 jitomate fresco de temporada en el punto óptimo de maduración

* 1 bola de *mozzarella* fresca

* Hojas frescas de albahaca

* 5 ml de aceite de oliva virgen extra

* 30 g de aceitunas negras

ELABORACIÓN

1. Lava el jitomate y córtalo en rodajas.

2. Escurre la *mozzarella* y córtala también en rodajas.

3. Pon las rodajas de jitomate y encima la *mozzarella*, sobre un plato bonito.

4. Decora con unas hojas de albahaca y las aceitunas.

5. Aderézalo todo con un chorrito de aceite de oliva virgen extra.

Tip

Las aceitunas son un aperitivo estupendo que solo aporta 150 kcal cada 100 g, muy lejos de las 630 kcal que tienen, por ejemplo, unos cacahuates fritos y, además, con mejor perfil de ácidos grasos. No son tan recomendables como los snacks a base de hortalizas frescas tipo crudités, pero no están en absoluto con-traindicadas. Yo recomiendo combinarlas con pepinillos o, como en esta receta, mucho mejor si las añadimos a una ensalada.

ENSALADA CON SARDINAS

Las sardinas en lata son una de mis conservas favoritas. Muy nutritivas, no solo aportan proteínas, sino también ácidos grasos saludables y calcio, que se encuentran en sus espinas y que pueden comerse sin peligro.

INGREDIENTES (1 P.)

* 50 g de lechuga romana, hoja de roble o canónigos
* 100 g de jitomates *cherry*
* 50 g de pepinillos en vinagre
* ¼ de pimiento rojo, asado o fresco
* 1 lata de 80 g de sardinas en aceite
* 1 huevo
* 1 zanahoria
* Ajo en polvo o troceado al gusto
* 5 ml de aceite de oliva virgen extra

ELABORACIÓN

1. Pon aceite de oliva de virgen extra en una sartén. Cuando esté caliente, casca y añade el huevo. Baja el fuego para que se haga lentamente.

2. Lava y corta la lechuga, el pimiento y los jitomates y ponlo todo en un bol.

3. Corta los pepinillos en rodajas y añádelos también.

4. Por último, añade las sardinas y coloca el huevo sobre la ensalada.

5. Sazónalo todo con el ajo y el aceite de oliva virgen extra.

6. Acompaña con la zanahoria limpia y cortada en palitos o ponla también en la ensalada.

A la hora de elegir qué tipo de queso incluir en tus menús yo recomiendo los más tradicionales, es decir, los fermentados de leche, especialmente los de cabra y oveja. En cambio, es mejor evitar los quesos muy procesados, como las rebanadas, los quesitos en porciones o bolitas, los postres con queso que incluyen otros ingredientes, como almidones, colorantes y aditivos, y las pizzas envasadas con queso, lasañas y similares. La ración recomendable para evitar un exceso de calorías sería de unos 40g en el caso de los semicurados y el doble si hablamos de queso fresco.

ENSALADA DE FRUTOS ROJOS Y FETA

Esta ensalada, tan original como fácil de hacer, sorprenderá a tus sentidos y también a tus invitados si la preparas en alguna cena especial. Por sus ingredientes, es una receta de otoño, temporada de fresas y frambuesas. Yo te propongo usar queso feta, pero puedes emplear cualquier tipo de queso fresco o tierno, preferentemente de cabra u oveja. La idea es aportar proteína a nuestra ensalada.

INGREDIENTES (1 P.)

* 50 g de canónigos o espinacas *baby*
* 4 - 5 jitomates *cherry*
* 2 o 3 fresas
* 20 frambuesas
* 80 g de queso feta
* 10 ml de aceite de oliva virgen extra
* Vinagre de Módena
* Semillas de amapola (opcional)

ELABORACIÓN

1. Lava los canónigos o las espinacas y ponlos en un bol.

2. Lava los jitomates *cherry*, las fresas y las frambuesas. Corta las fresas en láminas y añade las dos frutas al bol.

3. Corta el queso y añádelo también.

4. Adereza con el aceite y el vinagre de Módena.

5. Decora con las semillas de amapola.

ENSALADA CON SALSA ESPECIAL CON Q

Esta es una ensalada muy festiva que no requiere cocinar siempre que tengas los langostinos ya cocidos. La puedes presentar de muchas maneras: con los langostinos aparte para ir mojando en la salsa, con los langostinos sobre las hojas de lechuga romana o todo mezclado junto a la salsa. ¡Cómo más te guste!

INGREDIENTES (2 P.)

* 1 *skyr* natural o 150 g de queso fresco batido
* 10 ml de aceite de oliva virgen extra
* 1 pepino
* Pimienta, orégano, albahaca y ajo en polvo
* 100 g de lechuga romana o iceberg
* 2 zanahorias
* ½ pimiento rojo
* ¼ de col morada
* 5 - 10 jitomates *cherry*
* 500 g de langostinos cocidos
* Salsa especial con Q

ELABORACIÓN

1. Para hacer la salsa pela, trocea y tritura medio pepino.

2. Añade el queso batido, el aceite y las especias al gusto, sin miedo.

3. Vuelve a triturar para que se mezcle todo.

4. Prueba, rectifica de especias si es necesario y ya está lista.

5. Una vez que tengas la salsa, lava y corta todos los ingredientes en juliana fina o cubitos (las zanahorias y el medio pepino puedes cortarlos en palitos), excepto los langostinos. Si lo prefieres, también puedes dejar enteras las hojas de lechuga para que sirvan como base.

6. Pon las verduras en un bol y sírvelas acompañadas de los langostinos, sobre el borde, y la salsa especial con Q, dentro del bol o fuera para ir mojando los ingredientes.

Comprar en la pescadería los langostinos ya cocidos es superpráctico para esta u otras recetas en las que quieras añadir una fuente de proteína ya cocinada.

La salsa especial con Q va genial tanto con ensaladas como para mojar langostinos o crudités de zanahoria y pepino.

ENDIVIAS CON PATÉ DE ATÚN Y AGUACATE

Con este plato seguro que sorprenderás a tus invitados, pero no es necesario esperar a una gran celebración para disfrutarlo. A pesar de que parece una receta elaborada, tardarás lo mismo en hacer esta deliciosa ensalada que una convencional de lechuga y jitomate.

INGREDIENTES (1 P.)

* 1 endivia
* 1 aguacate maduro
* 1 lata de atún al natural
* ½ limón
* ¼ de pimiento rojo, crudo o asado
* 15 g de semillas de girasol
* Pimienta

ELABORACIÓN

1. Lava la endivia, separa las hojas y déjalas escurrir.

2. Para hacer el paté, corta el aguacate por la mitad, quita el hueso, saca la carne con una cuchara sopera y ponla en un bol. Con la ayuda de un tenedor, mézclala con el atún y añade unas gotas de limón y pimienta al gusto.

3. Tuesta en una sartén las semillas de girasol a fuego bajo. Mientras tanto, rellena las hojas de endivia con el paté.

4. Decóralas con tiras de pimiento rojo.

5. Espolvorea las semillas tostadas por encima y añade un poco más de pimienta si lo deseas.

Tip

A la hora de servir la ensalada, pon las endivias en una fuente redonda como si fueran los pétalos de una flor. ¡Quedan preciosas!

SOPITA CON Q

Una buena sopa de verduras es uno de los platos más nutritivos que puedas imaginar, ya que el agua retiene casi todos los nutrientes de los vegetales que utilices.
Si, además, usas huesos de jamón, carcasas de pavo o cabezas de pescado para
la base, ingredientes muy económicos, tendrás una olla repleta de aminoácidos
y minerales interesantísimos. En este caso he optado por la versión vegetariana.

INGREDIENTES (4 P.)

* 1 cebolla
* 1 poro entero
* 1 apio
* 200 g de ejotes
* 2 zanahorias
* Hojas de acelga
* 1 hinojo pequeño
* 2 hojas de laurel
* 2 l de agua
* 8 huevos (2 huevos
  por comensal)
* 10 ml de aceite de
  oliva virgen extra

ELABORACIÓN

1. Lava y corta todas las hortalizas.

2. Pon una olla al fuego, añade un chorrito de
   aceite de oliva virgen extra, añade la cebolla y el
   poro y baja el fuego.

3. Vierte el agua en la olla que tienes al fuego y
   agrega el laurel.

4. Lava, corta y añade el hinojo, el apio, los ejotes,
   la zanahoria y una pizca de sal, deja que hiervan
   30 minutos, apaga el fuego y deja reposar.

5. Para acompañar la sopa con huevo duro,
   hiérvelos entre 8 - 10 minutos, refréscalos y
   pélalos.

6. Añade un poco de pimienta y prueba para
   rectificar de sal.

Antes de servir trocea los huevos duros y añádelos a la sopa. También puedes cascar los huevos directamente sobre la sopa mientras hierve dentro de la olla y dejar que se hagan. ¡Tú decides!

Alíate con las sopas de verduras en invierno en tu objetivo de pérdida de grasa. Son bajísimas en calorías si las preparas de esta forma y muy nutritivas.

Este puré también puede convertirse fácilmente en un plato de aprovechamiento. Puedes comprar calabaza asada, o cruda y cocinarla en el horno o en el microondas, usarla como guarnición y la que sobre, junto con las zanahorias que se te hayan quedado más antiguas, ¡al puré!

PURÉ DE CALABAZA Y ZANAHORIA

Este puré delicioso y nutritivo es una buena forma de disfrutar de una cena saludable y baja en energía. Además, al ser dulzón resulta más fácil de aceptar para los peques o los adultos menos habituados al consumo de vegetales.

INGREDIENTES (2 P.)

* 500 g de calabaza
* 1 poro
* 2 zanahorias
* 1 l de agua
* Pimienta
* 5 ml de aceite de oliva virgen extra
* 20 g de semillas de calabaza
* 4 huevos (2 huevos por comensal)

ELABORACIÓN

1. Limpia y corta la calabaza, el poro y las zanahorias en trozos irregulares.

2. Pon la olla al fuego con un poco de aceite y sofríe en él el poro. Cuando empiece a tomar color añade la calabaza y, por último, la zanahoria. Cubre completamente con el agua y ponlo a hervir.

3. Deja que hierva entre 20 y 30 minutos, hasta que la calabaza esté blanda (puedes comprobarlo con un tenedor).

4. Aparte, hierve los huevos 8 - 10 minutos, refréscalos, pélalos y resérvalos.

5. Tuesta las semillas en una sartén sin aceite y tapadas. Cuando empiecen a saltar es que están listas.

6. Antes de triturar, retira el líquido sobrante. Puedes usarlo en otra preparación o tomarlo como sopa.

7. Tritura y sirve acompañado de un toque de pimienta, los huevos picados y las semillas de calabaza tostadas.

TORTILLA ESPAÑOLA DE COLIFLOR

Si tu objetivo es reducir el porcentaje de grasa, esta tortilla española es saciante, baja en energía y cargada de nutrientes interesantes.

INGREDIENTES (2 P.)

* ½ coliflor
* 5 huevos
* 2 zanahorias
* 10 ml de aceite de oliva virgen extra
* Ajo
* Perejil
* Cúrcuma (opcional)

ELABORACIÓN

1. Lava, trocea y cocina la coliflor al vapor o en el microondas, que no quede muy tierna.

2. Una vez cocinada córtala en trozos más pequeños.

3. Bate los huevos en un bol y añade la coliflor, el ajo, el perejil y la cúrcuma.

4. Pon una sartén al fuego con el aceite y, cuando esté caliente, vierte en ella la mezcla.

5. Baja el fuego y deja que se cuaje lentamente. Mientras, lava las zanahorias y córtalas en palitos para servirlas como acompañamiento.

6. Cuando esté, dale la vuelta, apaga el fuego y deja que se termine de hacer con el calor de la sartén.

Tip

Esta es una forma ideal de que los más pequeños (y mayores) de la casa coman coliflor. ¡Pruébala!

PARA LA BASE

* 70 g de hojuelas de avena integrales

* 150 ml de clara o 2 huevos

INGREDIENTES (1 P.

* 100 g de jitomate triturado natural en conserva

* 1 bola de *mozzarella light*

* Champiñones fresc

* 7 ml de aceite de oliva virgen extra

* Orégano y albahaca al gusto

Tip

En alguna ocasión añadí un puñadito de soya texturizada seca, unos 3 - 5 g, a la mezcla de la base antes de triturar y quedó aún más crujiente.

Con la base que te propongo, puedes añadir a la pizza tus ingredientes favoritos. ¡Deja volar tu imaginación!

PIZZA CON Q

Desde que prescindo del trigo en mi alimentación, y para crear una receta más nutritiva y saciante, empecé a experimentar haciendo la base de pizza con huevo y algún otro ingrediente (coliflor, calabacita, garbanzo, atún...). La que te traigo es la que tiene una textura más crujiente, es alta en proteína, saciante y deliciosa.

ELABORACIÓN

1. Empieza haciendo la base. Mezcla las hojuelas de harina integral con las claras y tritura. Tiene que quedar con una consistencia media ni muy densa ni muy líquida. Si decides usar los huevos enteros, te quedará una masa más densa, por lo que es mejor que los añadas batidos de uno en uno y por partes, para controlar mejor el resultado.

2. Pon una sartén de 25 cm de diámetro al fuego con un poco de aceite. Cuando esté caliente, vierte en ella la masa, baja el fuego y deja que se haga. Cuando veas que la masa empieza a tener pequeños agujeros, dale la vuelta y deja que se haga solo un momento. Tiene que quedar medio cuajada, porque luego va a ir al horno, donde se acabará de hacer.

3. Una vez que tengas la masa, ponla en una fuente que pueda ir al horno. Píntala con el jitomate triturado al que le habrás añadido unas gotas de aceite de oliva, el orégano y la albahaca. No pongas demasiado jitomate o la masa no quedará crujiente. También puedes sustituir el jitomate triturado por jitomate natural en rodajas finas.

4. Añade los champiñones laminados y la *mozzarella* rallada. Espolvorea con más orégano y albahaca.

5. Pon en el horno previamente calentado con calor solo en la parte inferior, baja a 180 grados, 30 - 35 minutos, y ya está lista para servir.

PIZZA BFIT CON Q

Esta pizza es ideal para los periodos de bajo consumo de hidratos y, también, cuando buscas una preparación con un contenido elevado de proteínas.

PARA LA BASE

* 60 g de pechuga de pollo cruda o atún en lata al natural

* 1 zanahoria mediana

* 1 huevo

* Orégano, albahaca y ajo en polvo

* Aceite de oliva virgen extra

INGREDIENTES (1 P.)

* 100 g de jitomate natural triturado en conserva

* ½ bola de *mozzarella*

* ½ cebolla blanca o morada

* Albahaca y orégano

ELABORACIÓN

1. Precalienta el horno a 180 °C con calor solo en la parte inferior.

2. Empieza por la base. Tritura todos los ingredientes con la batidora o procesador.

3. Engrasa una sartén de un diámetro de no más de 15 cm y ponla al fuego.

4. Vierte en ella la masa, intentando que no quede gruesa, y deja que se haga ligeramente por los dos lados.

5. Pon la base en la rejilla del horno sobre un trozo de papel de horno.

6. Extiende una capa fina de jitomate sobre la base. No te pases o la masa quedará demasiado blanda.

7. Distribuye sobre el jitomate la *mozzarella* cortada en rodajas y la cebolla laminada.

8. Espolvorea orégano y albahaca al gusto.

9. Mete en el horno y deja que se haga unos 30 minutos.

Esta riquísima pizza alta en proteína es un buen recurso cuando no tienes avena o si llevas una dieta tipo paleo, sin cereales. También para las personas que no pueden consumirlos.

MINIPIZZAS *ALLA NORMA*

La pasta *alla Norma* es un plato tradicional de la cocina siciliana elaborado, en la mayoría de los casos, con macarrones, berenjena, jitomate, hojas de albahaca fresca y *ricotta salata* rallada. La *ricotta* es en realidad requesón, pero la *ricotta salata* es un queso italiano típico en Sicilia, hecho con suero de leche de oveja prensado, salado y envejecido durante al menos 90 días. Mi versión de este plato usa como base berenjena. Es una de las cenas más ligeras que te traigo y puede ser también una estupenda entrada.

INGREDIENTES (1 P.)

- ½ berenjena gruesa
- 100 g de jitomate natural triturado
- 5 ml de aceite de oliva virgen extra
- Orégano y albahaca
- 40 - 50 g de *ricotta* fresca, requesón, feta o el queso que prefieras

ELABORACIÓN

1. Precalienta el horno a 180 °C con calor solo en la parte inferior.

2. Lava la berenjena, córtala en rodajas no muy gruesas y disponlas sobre una bandeja de horno forrada con papel de horno.

3. Pon una cucharada de jitomate triturado sobre cada una de ellas, unas gotas de aceite de oliva virgen extra, un poco de orégano y albahaca, el queso y un poco más de orégano y albahaca.

4. Hornea durante unos 30 minutos vigilando que no se quemen las bases o que queden crudas, esto va a depender del tipo de hortaliza y del grosor de las rodajas.

Tip

También puedes hacer las minipizzas con una calabacita grande o de las redondas, salen unas rodajas de buen tamaño, ideales para esta receta.

PURÉ VERDE #STOPDESPERDICIO

Mi puré verde es, en realidad, una receta de aprovechamiento, pensada para usar partes de las verduras que quizá sueles tirar.

INGREDIENTES (2 P.)

* ½ berenjena gruesa
* 1 tronco de brócoli
* 1 tronco de coliflor
* Las hojas que normalmente tirarías del poro
* Un apio olvidado
* Una zanahoria blanda
* 1 cebolla
* 1-2 dientes de ajo que se estén quedando secos
* Pimienta
* Cebollín
* 5 ml de aceite de oliva virgen extra
* 50 g de jamón serrano que se haya quedado duro
* 50 g de queso tierno

ELABORACIÓN

1. Pon todas las verduras lavadas y cortadas en una olla y cúbrelas con agua. No te pases, recuerda que estamos haciendo un puré, no una sopa.

2. Hiérvelo todo 30 minutos.

3. Mientras tanto, corta en dados el jamón y el queso.

4. Retira del fuego y tritura. Si ves que quedó demasiada agua, retira un poco y resérvala antes de empezar a triturar. Si el puré queda muy espeso, siempre puedes volver a añadirla. El caldo de verduras sobrante se puede utilizar para otras recetas.

5. Añade pimienta al gusto, cebollín cortado y un chorrito de aceite de oliva en el momento de servir y acompáñalo del jamón y el queso. También le van bien otras proteínas, como restos de pollo, unos garbanzos cocidos, tofu, huevo cocido o semillas tostadas.

Sabías que...

Aunque en el mundo hay suficiente comida para alimentar a toda la población, casi un tercio de los 4 000 millones de toneladas de comida que producimos cada año acaba siendo desperdiciado o echándose a perder. Un informe reciente elaborado por el Instituto de Recursos Mundiales confirmó que reducir a la mitad la tasa de pérdida y desperdicio de alimentos representa una estrategia importante que contribuiría a alcanzar los Objetivos de Desarrollo Sostenible de la ONU y alimentar al planeta de forma sostenible en 2050.

En octubre de 2019, desde el Programa Mundial de Alimentos de la Organización Mundial de la Salud, se pusieron en contacto conmigo para proponerme unirme a la campaña #StopDesperdicio. El objetivo de su campaña era aprovechar los ingredientes aparentemente echados a perder y que podrían ser recuperados e incluidos en una comida sabrosa, y concienciar al público sobre la enorme cantidad de alimentos comestibles que se desperdicia a diario. Si queremos erradicar el hambre en el mundo, debemos poner fin a este hábito.

SNACKS CON

Estamos tan inmersos en la cultura de la comida ultraprocesada, que habrás escuchado a menudo eso de «no sé qué comer como *snack* saludable». Aquí encontrarás propuestas para llevar de viaje, tomar como merienda, a media mañana o cuando quieras.

MANDARINAS, PLÁTANO Y MIX DE FRUTOS SECOS

Las mandarinas, junto con el plátano, son mis dos frutas preferidas para llevar fuera de casa. En cuanto a los frutos secos, son un buen recurso, siempre que no se coman compulsivamente, ya que son altos en calorías. Son hipernutritivos y ricos en proteínas, lo que los hace ideales para combinar con fruta. Una ración de 30 g diarios (10 g de nueces, 10 g de almendras y 10 g de pistaches) constituye un buen aporte de micronutrientes sin posibilidad de caer en un exceso calórico.

Tip

Come los frutos secos siempre crudos y, de ser posible, en su cáscara. Aunque tostados también son una buena opción, crudos conservan mejor sus ácidos grasos y antioxidantes y controlarás mejor la ingesta.

HUEVOS COCIDOS Y PALITOS DE ZANAHORIA

RACIÓN (1 P.)

- 2 huevos
- 2 zanahorias

Pon los huevos a hervir 10 minutos, refréscalos y guárda-los en el refrigerador hasta el momento de salir de casa. Transpórtalos con la cáscara y pélalos cuando vayas a comerlos. Es recomendable que estén un poco más he-chos que de costumbre, porque son más fáciles de pelar. Lava, pela y corta en palitos las zanahorias.

El huevo es una maravilla de la naturaleza: una bomba de nutrientes interesantí-simos, proteínas de calidad y un tesoro cremoso y anaranjado con algo más de grasa saludable, todo protegido por su propia cáscara. Y si, además, lo acompañas de bocados crujientes de zanahoria, qué más se puede pedir.

Tip

Para conservar mejor tus zanahorias, puedes guardarlas y transportarlas en un tarro de cristal con agua que las cubra, una estupenda forma de mimarlas.

DELICIAS CON Q

Esta receta es fácil de transportar, pero también perfecta para acompañar una comida o cena especial en casa, sorprender a tus invitados o disfrutar del placer de cocinar. Está inspirada en una receta de Vanessa Díaz, paciente, amiga y autora de su propio libro de recetas.

INGREDIENTES (5 UD.)

- 80 g de almendra molida
- 1 huevo no muy grande
- Una pizca de sal
- 15 g de ajonjolí o coco, a tu elección

ELABORACIÓN

1. Precalienta el horno a 170 °C.

2. Bate bien el huevo y mézclalo con la almendra molida hasta obtener una pasta. Haz una bola con ella y apriétala bien.

3. Pon la masa entre dos hojas de papel de horno o film transparente y estírala con la ayuda de un rodillo.

4. Con un cortador o un vaso, corta las delicias. Junta los sobrantes y vuelve a estirarlos para aprovechar toda la masa. También puedes hacer palitos o rosquillas.

5. Espolvorea cada galleta con un poco de sal y ajonjolí o coco. Si optas por el coco, es recomendable añadir un poco de coco rallado a la masa.

6. Hornéalas entre 15 y 20 minutos vigilando que no se quemen. Deja enfriar y, ¡a disfrutar!

Tip

Para una versión «ceto», es decir, muy baja en hidratos y más alta en grasa, sustituye la mitad de la almendra por coco rallado.

NECTARINA
CON *MOZZARELLA*

Es complicado añadir proteína a un *snack*, pero la *mozzarella*, con 28 g de proteína por cada 100 g, es una opción bien aceptada y que combina genial con la fruta.

INGREDIENTES (1 P.)

- 1 nectarina o durazno
- 1 bola de *mozzarella*
- Hojas de hierbabuena

ELABORACIÓN

1. Corta la nectarina y la *mozzarella* en rodajas.

2. Disponlas en un plato, colocando cada rodaja de *mozzarella* sobre una de nectarina, y poniendo también entre ellas hojas de hierbabuena.

Tip

Atrévete a probar este snack, *la combinación de sabores te sorprenderá. Puedes cambiar la nectarina por cualquier otra fruta que tengas en casa, todas combinan bien con la* mozzarella.

ZANAHORIAS CON CREMA DE FRUTOS SECOS

RACIÓN (1 P.)

- 2 zanahorias
- 30 g de crema de frutos secos

Los palitos de zanahoria son prácticos para casi todo, pero untarlos en cremas de frutos secos es increíble. El único problema de las cremas de frutos secos es que debe controlarse la ración (no más de 30 g en un protocolo de pérdida de grasa). Te recomiendo guardar las cremas en tarritos correspondientes a la ración que vayas a tomar. Así podrás disfrutarlas sin el peligro de mojar la zanahoria a tarro abierto.

Tip

Puedes comprar la crema de frutos secos ya hecha, leyendo bien la etiqueta y comprobando que no lleve ningún ingrediente aparte del fruto seco, o bien hacerla en casa triturando los frutos secos en un procesador o batidora. También combina genial con palitos de pepino y apio.

MELÓN CON JAMÓN

RACIÓN (1 P.)

- 250 - 400 g
  de melón

- 30 - 40 g
  de jamón

Puede sonar algo viejuno, pero este plato triunfa cada verano y es una de las combinaciones de fruta + fuente de proteína que más fácilmente aceptan mis clientes y allegados. Eso sí, ten en cuenta que el jamón, aunque es una buena fuente de proteína y es más saludable que otros embutidos y carnes frías, es una carne procesada, por lo que procura no consumirlo a diario. Por otro lado, a pesar de su fama de ser más calórico, el melón aporta la misma energía que la sandía, y sus azúcares no interferirán en tu proceso de pérdida de grasa.

Tip

Hay muchas formas de presentar este plato. Con el melón a tajadas y el jamón en rebanadas finas, con el jamón enrollado alrededor de los trozos de melón, con el jamón cortado en palitos... ¡Tú eliges!

PALOMITAS MÁS SALUDABLES

Suele sorprender la idea de que este *snack*, tan sencillo de hacer en casa, es saludable. Quizá es el menos interesante nutricionalmente de los que te traigo, pero es muy práctico y se antoja para esos momentos de peli en casa. El exceso de sal y grasa de mala calidad caracterizan las palomitas que se compran hechas o en bolsas para calentar en el microondas. Sin embargo, si las haces con maíz crudo, que se encuentra a granel en el mercado o en paquetes en el supermercado, puedes disfrutarlas tranquilamente una vez a la semana o cada dos.

Opción 1: Pon el maíz en un estuche de silicona apto para microondas durante 2 minutos a 800 de potencia. **Opción 2:** calienta el maíz en una olla levemente engrasada (¡no olvides sostener la tapa!).

Tip

Puedes hacer las palomitas dulces o saladas, añadiendo, por ejemplo, canela y cacao puro o simplemente sal y especias.

POSTRES CON

Quizá creas que tomar postre está reñido con seguir una dieta enfocada en la pérdida de grasa. Sin embargo, terminar la comida con una pieza de fruta de temporada puede ser un buen broche final. A lo mejor has oído en alguna ocasión que comer fruta después de comer engorda, pero eso no es más que un mito. Cualquier fruta de temporada es un postre saludable y puede ayudar a la pérdida de grasa, y aquí encontrarás algunas ideas para añadirlas a tu menú.

Para las ocasiones especiales, te recomiendo mis pasteles en su versión más saludable. Aunque los pasteles son más calóricos que otros postres, los que te propongo son más nutritivos que los convencionales.

INGREDIENTES
(4-8 P.)

- 5 huevos

- 250 g de mantequilla

- 100 g de chocolate para fundir, sin azúcar, 70 % de cacao

- 150 g de chocolate 92 % de cacao

- Frutos rojos o cualquier otra fruta para decorar (opcional)

- Cacao puro desgrasado en polvo o canela para decorar (opcional)

Tip

Como ves, este pastel no lleva harina ni azúcar ni edulcorantes añadidos y, en cambio, es delicioso por todo el cacao y la grasita que contiene.

PASTEL DE CHOCOLATE

Este es, sin duda, un pastel para los amantes del chocolate. Esta delicia es muy baja en hidratos de carbono, pero algo más elevada en grasa, lo que nos da una indicación de que será más calórica que otros pasteles. Sin embargo, es igualmente saludable y saciante.

ELABORACIÓN

1. Precalienta el horno a 170 °C.

2. Separa las claras de las yemas y bate las claras a punto de nieve.

3. Pon 100 g de cada uno de los chocolates en un bol y fúndelos en el microondas con cuidado de que no se queme.

4. Mezcla el chocolate fundido con 200 g de mantequilla a temperatura ambiente. A continuación, añade las yemas que separaste y mézclalo todo bien hasta obtener una masa uniforme.

5. Añade la mezcla anterior a las claras batidas poco a poco y con movimientos envolventes para que estas no se hundan.

6. Hornea el pastel 45 minutos (esto depende de cada horno y de la altura del molde, ve observando).

7. Mientras tanto, funde el resto del chocolate y la mantequilla y mézclalo bien para hacer la cobertura. Ve metiendo en el microondas a potencia mínima de 30 en 30 segundos, sacando para remover.

8. Cuando el pastel esté listo, sácalo del horno y ponlo sobre un plato de servir. Vierte sobre él con cuidado la cobertura de chocolate y deja que enfríe.

9. Antes de servir, decora con fruta o espolvorea con cacao o canela.

CARROT CAKE

Quise renovar la receta del pastel de zanahoria simplificando los pasos, eliminando de la receta la avena y los edulcorantes y cambiando el mascarpone de la cobertura por *skyr* con un poco de mantequilla. Así queda un pastel con menos materia grasa que la original, muy esponjoso y saciante.

INGREDIENTES (4-8 P.)

* 5 huevos
* 250 g de zanahorias frescas
* 125 g de almendra molida
* 10 g de mantequilla
* 1 cucharadita de polvo para hornear
* Canela al gusto (opcional)

PARA LA COBERTURA

* 150 - 200 g de *skyr*
* 10 g de mantequilla
* 1 cucharadita de esencia de vainilla

ELABORACIÓN

1. Precalienta el horno a 170 °C.

2. Lava, pela y trocea las zanahorias y tritúralas.

3. Añade la almendra molida (la encuentras así en el supermercado) y el polvo para hornear a la zanahoria y sigue triturando.

4. Por último, añade a la mezcla los huevos y mézclalo todo hasta que esté uniforme.

5. Unta el molde con los 10 g de mantequilla. Pon la mezcla en el molde, yo uso uno de silicona de 20 cm de diámetro, y hornea unos 30 - 35 minutos hasta que esté lista. Sácala y deja enfriar en un plato.

6. Mientras tanto, con la ayuda de un batidor, mezcla el *skyr* con la mantequilla derretida unos segundos en el microondas a mínima potencia y la esencia de vainilla al gusto, unas 10 gotas es suficiente.

7. Cuando el pastel esté frío, decóralo con la crema, un poco de zanahoria rallada y la almendra que reservaste.

Puedes eliminar la mantequilla de la receta. Para endulzarla, añade a las zanahorias y a la almendra, cuando tritures, 3 dátiles remojados previamente o 50 g de pasta de dátil.

PASTEL DE MANZANA Y CANELA

Puedes preparar esta receta como panqué, *muffins* o, como a mí me gusta, en forma de pastel, colocando las rodajas de manzana de forma estratégica. Puede ser un estupendo *snack* para transportar y tomar, por ejemplo, a media mañana o una opción para ese fin de semana en que se te antoja algo dulce con el café.

INGREDIENTES (4 P.)

- 2 manzanas de la variedad que prefieras
- 3 huevos
- 50 g de hojuelas de avena integral
- Canela
- 5 - 10 g de polvo para hornear
- 1 cucharadita de esencia de vainilla

ELABORACIÓN

1. Precalienta el horno a 180 °C.
2. Pela las manzanas y córtalas en rodajas.
3. Tritura la piel y los restos de manzana que no cortaste con los huevos, la avena y el polvo para hornear. Añade canela al gusto a la mezcla.
4. Vierte un poco de la mezcla en el fondo de un molde de silicona de 15 - 20 cm de diámetro y coloca una capa de rodajas de manzana por encima.
5. Vierte encima el resto de la mezcla y cubre con otra capa de rodajas de manzana.
6. Añade más canela, al gusto.
7. Baja el horno a 150 °C y hornea durante 20 - 30 minutos hasta que esté listo.

Tip

Este pastel te puede servir para aprovechar las pieles de manzana o las piezas demasiado maduras. Si comes manzana pelada habitualmente, puedes guardar las pieles hasta un par de días en el refrigerador con unas gotas de limón para que no se oxiden, y añadirlas a la mezcla triturada del panqué.

CHEESE CAKE HELADO

Esta versión de pastel de queso es de las más sencillas que hay, por eso te la traigo. Además de ser muy colorida, es deliciosa, no lleva azúcar ni harinas, y la base de avena hace que sea supersaciante. En esta versión más otoñal uso higos, pero puedes adaptar fácilmente la receta a la fruta de temporada: frambuesas, durazno o ciruelas.

PARA LA BASE

- 80 g de avena
- 50 g de mantequilla
- 50 g de dátiles o pasta de dátil
- 1 huevo

INGREDIENTES (4-8 P.)

- 4 *skyrs* de 150 g, 600 g en total
- 20 g de mantequilla
- 10 - 12 higos

1 Si eliminas la base de la receta.

ELABORACIÓN

1. Empieza por la base. Derrite la mantequilla y mézclala con la avena, el huevo y la pasta de dátil. Usa una batidora o procesador. Unta los dedos en aceite de coco, oliva o mantequilla para trabajar la base y ponerla en el molde.

2. Pon la mezcla en el fondo de un molde y hornéala 10 minutos, hasta que esté dura. Deja enfriar a temperatura ambiente y luego métela en el congelador.

3. Lava y corta los higos que servirán para decorar.

4. Aparte, mezcla bien el *skyr* con los 20 g de mantequilla derretida en el microondas y viértelo en el molde sobre la base. Vuelve a meter en el congelador 2 - 3 h.

5. Antes de que esté totalmente congelada, decora con los higos.

6. Saca el pastel del congelador unos 5 minutos antes de consumirla y corta las porciones con un cuchillo afilado, ten en cuenta que está helada.

Puedes hacerla con frutos rojos, incluso elaborando una mermelada casera saludable: tritura una taza de frambuesas y añade dos cucharadas soperas de semillas de chía, deja reposar un par de horas y decora con esta mermelada una vez que el pastel esté congelada y desmoldada.

Si quieres una versión con menos calorías, elimina la base.

Si quieres que sea vegana, elimina la base y sustituye el skyr por leche de coco.

PASTEL DE CALABAZA CON CANELA SIN PREPARACIÓN

Me encanta cómo en otoño mis platos se tiñen de un color naranja más suave, el de la calabaza, que acompaña al intenso de la zanahoria. Existen múltiples variedades de calabaza, pero para esta receta la que más me gusta usar es la variedad moscada de Provenza. Es la típica calabaza de Halloween.

INGREDIENTES (4 P.)

- ½ calabaza moscada de Provenza
- Canela o cacao puro al gusto

ELABORACIÓN

1. Rostiza la calabaza en el horno, a unos 170 grados, las horas que necesite, depende de cada horno.

2. Espolvoréala con canela o cacao puro (o ambos) y sírvela.

Tip

Una opción más práctica y sostenible es comprar la calabaza ya rostizada. En algunas panaderías se usan los hornos industriales ya encendidos para elaborar el pan para hornear calabaza. En mi cuidad actual, Valencia, puedes ir diariamente en otoño e invierno a comprar deliciosa calabaza rostizada, la porción que quieras, pero corre, ¡se agotan cada día!

Este «pastel» es muy baja en energía, incluso menos que algunas frutas. Es deliciosa como postre o merienda, acompañando un café, pero yo reconozco que me encanta como desayuno de invierno.

MACEDONIA DE AÑO NUEVO

Este es el postre que hacíamos en mi casa todas las Nocheviejas. Para hacer esta macedonia especial con frutas de invierno, mi madre usaba a veces frutas en conserva. Aunque ya sabrás que la fruta fresca, además de ser más nutritiva, es más sostenible, sí es cierto que, una vez al año, puede ser un recurso para evitar la repostería casera o los dulces navideños.

INGREDIENTES (2 P.)

- 200 g de piña natural o en su jugo
- 200 g de pera
- 100 g de kiwi verde
- 100 g de cerezas, grosellas rojas o frambuesas
- 300 ml de bebida de coco sin azúcar añadido

ELABORACIÓN

1. Lava y trocea todas las frutas y sumérgelas en la bebida de coco.

2. Deja que repose todo junto unos minutos antes de servir.

Tip

Si no encuentras bebida de coco, puedes usar yogur batido de coco o con sabor a coco. La idea es que el rojo de las grosellas y el verde del kiwi, colores típicamente navideños, destaquen sobre el fondo blanco.

POSTRE EN ROSA

Este postre complementa la proteína de la cena y, de hecho, aporta una ración considerable, ya que no está compuesto únicamente de fruta. Esto lo convierte en un postre ideal en un proceso de pérdida de grasa.

INGREDIENTES (1 P.)

- 200 - 250 g de yogur natural, *skyr*, kéfir, queso fresco batido o yogur vegetal sin azúcar añadido
- 150 g de fresas, moras, frambuesas y arándanos

ELABORACIÓN

1. Mezcla el yogur con los frutos rojos en un bol.
2. Deja que repose hasta que adquiera un color rosa característico.

Sabías que...

El *skyr* es un producto lácteo típico de Islandia. Tiene una consistencia parecida al yogur griego, pero un sabor más suave. Está clasificado como un queso fresco (como el queso *quark* alemán), pero se consume como un yogur. Su sabor es ligeramente ácido y deja un poco de esencia dulce en la boca. Mi recomendación es consumir el natural, sin azúcar añadido, únicamente leche, fermentos y cuajo. Nutricionalmente, según criterios que valoro, es preferible el *skyr* al yogur.

Tip

Puedes usar frutos rojos frescos o congelados. También puedes comprar algunas frutas como cerezas o fresas en temporada, y congelar una parte para ir consumiéndola en este postre y otras preparaciones. Si usas fruta fresca, yo te recomiendo meter la mezcla unos minutos en el congelador, así es mucho más refrescante y cremosa.

NATILLAS FRÍAS DE PLÁTANO

Esta crema de plátano o «natillas» frías, sin lácteos ni azúcares añadidos, te permite disfrutar de un postre diferente, que requiere pocos ingredientes y que se prepara rápidamente.

INGREDIENTES (1 P.)

- 1 plátano maduro
- 40 ml de bebida vegetal
- 3 - 5 g de semillas de linaza
- Canela
- Esencia de vainilla

ELABORACIÓN

1. Trocea el plátano y tritúralo con un par de gotas de esencia de vainilla (opcional) y la bebida vegetal. Intenta que sea sin azúcar añadido (la de coco le va muy bien). Ten en cuenta que debe quedar una mezcla espesa.

2. Añade la linaza y deja reposar dos horas.

3. Tritura de nuevo la mezcla y sírvela con un poco de canela espolvoreada por encima.

Sabías que...

El pobre plátano tiene mala fama en este sentido, pero te alegrará saber que puede ser un gran aliado en el proceso de pérdida de grasa. Es muy rico en potasio (382 mg/100 g) y magnesio (36 mg/100 g), gracias a lo cual se demuestra efectivo para disminuir la hipertensión arterial.

- Evita la retención de líquidos y la formación de edemas. Es recomendable en casos de nefritis (inflamación de los riñones) y cálculos renales.

- Es la fruta top 1 para transportar y evita que hagas malas elecciones fuera de casa. Además las recetas con plátano son estupendas para sustituir otras preparaciones dulces.

SOPA DE FRUTAS

RACIÓN (1 P.)

- 200 g de fresas
- 300 ml de jugo de naranjas exprimidas
- 1 plátano

Este es un postre un tanto invernal, que usa frutas de temporada. Era la forma más habitual de comer las fresas en mi casa, y la única ocasión en la que exprimíamos naranjas. Y esta es exactamente mi propuesta: una combinación de frutas deliciosa, porque los postres frutales de invierno también pueden ser coloridos.

Lava, pela y corta la fruta en láminas y ponlas en un bol o tarro de cristal. Vierte encima el jugo de naranja y deja reposar unos minutos hasta que adquiera un tono rojizo.

Tip

Puedes sustituir el jugo de naranja por bebida vegetal, yogur o leche. Déjalo reposar y tendrás listo un postre, merienda o desayuno.

HELADOS CON

Seguramente eres muy consciente de que el helado es un alimento con un alto contenido de azúcar y calorías. Sin embargo, tomar una porción normal de helado artesanal, 150 - 200 ml, una o dos veces por semana en verano, no supone un riesgo para nuestra salud. Puede, incluso, añadirse en un proceso de pérdida de grasa, siempre que sea dentro de una alimentación saludable. Una de las claves es convertirlo en algo que tomas fuera de casa, en la heladería, en lugar de tener en el congelador de tu hogar botes de más de un litro o helados individuales.

Aunque, sin duda, la mejor opción es preparar helados caseros. Verás que son sencillos de hacer y quedan espectaculares.

EXPLOSIÓN
DE FRUTOS DEL BOSQUE

Los frutos del bosque, arándanos, frambuesas, moras, y también las fresas, tienen algo de magia en su interior: una explosión ácida acompañada de un sabor dulce y el cosquilleo de sus semillitas en la boca. Se puede hacer helado con ellos sencillamente congelándolos y triturándolos, pero combinados con plátano tenemos una textura más agradable y un sabor menos ácido.

INGREDIENTES (2 P.)

* 50 g de fresas
* 50 g de frambuesas
* 50 g de arándanos
* 50 g de moras
* 1 plátano

ELABORACIÓN

1. Corta el plátano en rodajas y ponlo en el congelador junto con el resto de los frutos.

2. Reserva algunos arándanos y moras para decorar y tritura el resto junto con los demás frutos.

3. Sirve el helado en dos cuencos y decora con las frutas que reservaste.

Tip

Puedes añadir 30 g de ralladura de chocolate negro 95 % de cacao, o incluso más. Combina genial.

Otra forma de presentación sería congelar la mezcla en moldes para muffins o en hieleras. Disponlos como te muestro sobre una pizarra que hayas guardado unas horas en el congelador.

Verás que el plátano congelado puede convertirse en la base de muchos helados, solo tienes que añadir uno a casi cualquier tipo de fruta con la que quieras prepararlo.

HELADO TROPICAL

Si te gustan los helados de fruta, este es el tuyo. Después del plátano, el mango es la fruta que mejor funciona en helados, gracias a su textura natural. Además, es muy sabroso y combina a la perfección con otras frutas de verano, como el durazno. Este es uno de los helados con menos calorías de los que te traigo. Contiene los azúcares naturalmente presentes en las frutas, pero puede ser un postre casi diario en verano, ya que sus cantidades equivalen aproximadamente a una ración de fruta fresca.

INGREDIENTES (2 P.)

* 1 mango
* 1 durazno o nectarina
* 2 rodajas de piña natural
* 1 zanahoria
* Hojas de hierbabuena para decorar

ELABORACIÓN

1. Lava y trocea la fruta y la zanahoria y congélalas (si tienes heladera, puedes saltarte el paso de congelar).

2. Reserva unos cuantos trozos de fruta para decorar y tritura el resto de los ingredientes juntos hasta obtener la textura deseada.

3. Sirve en dos cuencos y decora con la hierbabuena y los trozos de fruta que reservaste.

 Si añades hielo a la mezcla, este helado se convierte en un raspado.

HELADO DE TURRÓN

En este helado las almendras aportan un sabor que recuerda al típico de turrón, mi elección siempre que lo pido fuera de casa. Yo prefiero no endulzarlo y conservar el sabor original de la almendra, pero en la receta añadí pasta de dátil para aportar un toque extra de dulzor.

INGREDIENTES (2 P.)

- 80 g de crema de almendra
- 150 g de bebida de almendra sin azúcar añadido
- 50 g de dátil o pasta de dátil
- 20 g de almendra cruda con piel o tostada
- Canela

ELABORACIÓN

1. Tritura la crema de almendra con la bebida y la pasta de dátil.

2. Añade algunos trocitos de almendra y métela en el congelador 1 hora. Ve sacando para ir removiendo la mezcla cada 30 minutos, hasta que tenga la consistencia de un helado.

3. Si tienes heladera, mete la mezcla unos 15 minutos. El tiempo varía según la heladera, pero a partir de los 10 minutos observa la preparación para que no se congele demasiado.

4. Para la decoración, mientras tanto, tuesta las almendras en una sartén a fuego bajo.

5. Sirve el helado con la almendra tostada picada y canela al gusto.

Tip

Si lo quieres presentar en cubos, congela la mezcla en una hielera, saca los cubitos de helado y disponlos formando una torre de minibombones junto con la almendra tostada.

Recuerda que la almendra, al ser un fruto seco, tiene un aporte alto de calorías. Aun así, disfruta de este helado nutritivo y saciante.

PASIÓN DE CHOCOLATE

Este helado para los amantes del chocolate es una locura de placer y más energético que los que tienen una base de fruta. La crema de frutos secos lo hace muy cremoso y nos permite tener un helado sin lácteos, apto para dietas veganas o paleo, y también para los alérgicos a las proteínas de la leche o intolerantes a la lactosa.

INGREDIENTES (2 P.)

- 40 g de chocolate 90 - 95 % de cacao
- 80 g de crema de nuez de la India
- 20 g de cacao puro en polvo
- 150 ml de bebida vegetal
- Pistaches (para decorar)

ELABORACIÓN

1. Mezcla todos los ingredientes en una batidora.

2. Introduce la mezcla en una heladera o en el congelador media hora y, a partir de ese momento, sácalo cada 10 minutos para removerlo hasta obtener la textura deseada.

3. Sirve decorado con pistaches enteros o picados.

Tip

Para presentar en forma de corazones, congela la mezcla en una hielera con esta forma. Desmolda los cubitos justo en el momento de consumirlos, colocándolos en un vaso que haya estado previamente en el congelador más de cuatro horas. Una vez que esté en el vaso, espolvorea con el pistache picado o machacado.

Puedes elaborar este helado con la crema de frutos secos y con la bebida vegetal que más te guste, pero yo te recomiendo en ambos casos la de nuez de la India, que es la que menos enmascara el sabor del chocolate

PARA LA GALLETA

- 50 g de almendra molida
- 50 g de pasta de dá
- 1 huevo (opcional)
- 30 g de crema de frutos secos, cacahuate o almendra
- 20 ml de aceite de coco o mantequilla

INGREDIENTES (1 P.

- 2 *skyr*, 300 g
- 20 g de proteína en polvo, de vainilla, chocolate o neutra
- 20 g de *nibs* de cacao (granos de cacao tostados)
- 40 g de chocolate para fundir 70 - 95 % de cacao
- 20 g de almendra picada

MAXIHELADO

Este helado es una auténtica maravilla saludable hecha en casa. Una forma de darnos un placer veraniego sin necesidad de comprar un ultraprocesado con harinas refinadas, azúcares y grasas nada saludables.

ELABORACIÓN

1. Empieza por la galleta. Tritura la almendra, la pasta de dátil, la crema de frutos secos y mézclalo con el aceite de coco o mantequilla. Si añades un huevo, queda más tipo panqué; si prescindes de él, queda más tipo galleta. Para poner la mezcla en el molde de horno, unta tus dedos en aceite o mantequilla o se le quedará pegada. Lleva al horno precalentado a 180 °C, 15 minutos es suficiente. Saca y deja enfriar a temperatura ambiente. Saca la galleta del molde.

2. Pasamos al helado del relleno. Mezcla el *skyr* con la proteína y los *nibs* de cacao y pon la mezcla en el congelador en el mismo molde que usaste para la galleta al menos 2-3 horas. Yo recomiendo dejarlo toda la noche.

3. Para montar, pon el helado entre la galleta que habrás dividido en dos, la mitad del helado sin galleta y la otra mitad entre ella a modo de sándwich helado.

4. Derrite el chocolate en una taza en el microondas a mínima potencia en tandas de 10 segundos para que no se queme. Una vez fundido, mézclalo con la almendra picada y remueve con una cuchara.

5. Corta el bloque de helado y galleta con un cuchillo afilado para dar la forma deseada.

6. Toma el helado por la parte de la galleta con los dedos y baña la parte en la que el *skyr* con *nibs* ha quedado al descubierto en el chocolate fundido con las almendras picadas. Deja que se enfríe un poco, hasta que solidifique, y mételo en el congelador. Mantenlo en el congelador y saca unos 5 minutos antes de consumir.

COCO CON Q

RACIÓN (1 P.)

- 150 ml de leche de coco
- 2 peras blandas o muy maduras
- 1 limón
- 10 g de coco rallado o deshidratado

ELABORACIÓN

1. Lava, corta y congela la pera el día anterior.

2. Tritura la pera congelada con la leche de coco hasta obtener la textura deseada.

3. Añade la ralladura de limón y, si quieres, un poco de pulpa, y bate un poco más.

4. No es imprescindible, pero este helado queda mejor si lo dejas reposar unos minutos en el congelador antes de servir. Sirve decorado con la ralladura de coco y la ralladura de limón.

BEBIDAS CON

A estas alturas ya tendrás claro que la bebida de elección por defecto es el agua. Sin embargo, de vez en cuando, podemos optar por refrescos saludables para disfrutar en épocas de calor o infusiones calientes. Ambas son una estupenda opción.

GAZPACHO, LA ENSALADA QUE SE BEBE

Aunque parezca sorprendente, muchas personas asocian esta preparación con un plato calórico, quizá por sus versiones con pan y demasiado aceite. Sin embargo, en mi receta tradicional, el gazpacho se convierte en un aliado estupendo para tu menú enfocado en la pérdida de grasa. Es rico y práctico.

INGREDIENTES (2 P.)

- 4 - 5 jitomates maduros grandes, unos 800 g
- 1 pepino
- ½ pimiento verde
- 1 diente de ajo
- 10 ml de aceite de oliva virgen extra
- Hielo
- Vinagre
- Sal

ELABORACIÓN

1. Lava y corta los jitomates, el pepino y el pimiento, y tritúralo todo con la batidora o el robot de cocina. Añade un chorrito de aceite de oliva virgen extra, vinagre y sal. Prueba y rectifica de sal, aceite y vinagre, con moderación.

2. Pon el gazpacho en un vaso o una jarra con hielo y deja que repose.

3. Consérvalo en el refrigerador y consúmelo como primer plato o refresco saludable.

Tip

Se le puede añadir un picadillo con un 1 jitomate, 1 pepino, 1 pimiento verde, 1 pimiento rojo y ½ cebolla, y tomar como una sopa fría.

Si le añades un par de huevos cocidos, tienes un plato saludable basado en hortalizas de temporada y con un pequeño aporte de proteína.

SANGRÍA CON Q

La sangría es una estampa típica veraniega: alegre, refrescante y con frutas deliciosas. Existen múltiples recetas, pero yo te traigo la mía, sin alcohol ni azúcar añadido, cargada de vitaminas y dispuesta a dejarte sin palabras.

INGREDIENTES (2 P.)

- 250 ml de jugo de arándanos sin azúcar añadido
- ½ l de refresco sin azúcar o agua con gas
- 1 durazno
- ½ naranja
- ½ limón amarillo
- Hielo

ELABORACIÓN

1. Lava y trocea el durazno, y en gajos la naranja y el limón amarillo.

2. Mete en una jarra el durazno, el limón amarillo y la naranja.

3. Añade el jugo de arándanos y el refresco y mézclalo todo con una cuchara larga.

4. Echa todo el hielo que puedas hasta completar.

Tip

Si lo deseas, puedes añadir el jugo de la otra media naranja y del otro medio limón amarillo a la mezcla de jugo de arándano y refresco.

Si no es verano, en lugar de durazno puedes usar otras frutas de temporada, como la manzana y la pera o unas rodajas de naranja o, incluso, mezclar un poco de jugo de naranja con el de arándanos.

Si añades una rama de canela a la jarra, le dará un toque especial.

BLANCO Y NEGRO

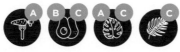

La preparación original de esta receta lleva frappuccino con una bola de helado de leche merengada. Esta versión es mucho más reducida en energía.

INGREDIENTES (1 P.)

- Café
- Hielo picado
- 100 ml de claras de huevo, leche de coco o crema para batir
- Edulcorante
- Canela

ELABORACIÓN

1. Haz un café, yo lo prefiero de cafetera italiana, y déjalo enfriar.

2. Añade el hielo picado a la copa en la que lo vayas a presentar, llena más de la mitad.

3. A continuación, tienes tres formas de prepararlo.

4. **Opción A**: Es la más baja en energía y muy alta en proteína. Bate las claras con una batidora, añadiendo un poco de edulcorante al gusto. Queda como ves en la imagen.

5. **Opción B:** Tiene el contenido más alto en grasa, pero es muy saciante. Bate la crema para batir y reserva en el congelador.

6. **Opción C**: Bate la parte cremosa de la leche de coco y reserva en el congelador.

7. En el momento de servir, coloca las claras batidas en la copa con el café, y añade canela abundante.

Tip

No recomiendo el uso de edulcorantes de forma desmedida. Pero para esta preparación concreta, añadir una cucharadita de eritritol a las claras mientras las batimos nos dará el sabor dulce que buscamos.

INFUSIONES

Las infusiones pueden ser grandes aliadas en el proceso de pérdida de grasa. Es importante conocer los efectos de algunas hierbas, pero teniendo en cuenta que, a pesar de cómo se publiciten, no tienen un efecto notorio en la pérdida de grasa por sí mismas, sí ayudan a reducir la ingesta calórica al desplazar otras preparaciones que sí aportan energía, por lo que pueden ayudar de forma indirecta. Si en lugar de una merienda típica alta en azúcares tomamos una infusión, que es acalórica, estaremos eliminando esa ingesta. En otras ocasiones las podemos usar como postre o con finalidad relajante.

Sabemos que algunas infusiones a base de té, tanto verde como otras variedades, sí tienen un pequeño efecto positivo en la oxidación de las grasas gracias a la cafeína y otras sustancias presentes en el té. Pero la cantidad que se consume es tan pequeña que, a pesar de las evidencias de los estudios, en la práctica no son relevantes para la oxidación de grasas.

Algunas sugerencias:

* **INFUSIÓN DE MANZANILLA, MENTA Y TÉ VERDE.** Esta infusión es agradable, refrescante y ligeramente estimulante. Es ideal para acompañar el desayuno o como postre, pero no recomiendo su consumo tras la cena porque contiene cafeína en el té.

* **INFUSIONES CON FRUTAS DESHIDRATADAS.** Una buena idea para hacer infusiones consiste en comprar hierbas a granel y algunas frutas deshidratadas, como piña o arándanos. Con la ayuda de un colador, infusionamos la fruta con las hierbas y obtendremos una bebida dulce y de sabor agradable.

* **CHOCOTÉ.** Es ideal para las personas que aman tomar algo de chocolate después de comer, cenar o como *snack*. Consiste en infusionar, por ejemplo, un poco de té negro con cacao y canela en polvo, una auténtica delicia.

Tip

Para que sean acalóricas, no te recomiendo usar azúcar ni ningún tipo de edulcorante en las infusiones.

PIÑA COLADA CON Q

La piña colada es una de las mejores bebidas para versionar sin alcohol ni azúcar, ya que la intensidad del sabor de la piña y, sobre todo, del coco, no necesitan más para los amantes de estos sabores. En la receta uso bebida de coco sin azúcares añadidos, pero también puedes usar agua de coco si quieres que sea menos calórica.

INGREDIENTES (2 P.)

- 100 ml de leche de coco
- 1 piña natural
- Hielo picado
- Hierbabuena (para decorar)

ELABORACIÓN

1. Corta la piña, saca la pulpa y tritúrala. Necesitaremos unos 200 ml de este jugo.

2. Pon la piña triturada en una coctelera, añade la leche de coco y una o dos cucharadas grandes de hielo picado y agita con energía.

3. Vierte la mezcla en la piña vacía o en una jarra y rellena hasta arriba con más hielo picado.

4. Decora con hierbabuena. También puedes añadir un par de cerezas o trocitos de piña.

5. Sirve con popotes de bambú reutilizable, así evitas usar plásticos o elementos de usar y tirar.

Sabías que...

El agua de coco es el líquido natural presente en su interior. Es de color blanquecino casi transparente y es una buena bebida de reposición tras un ejercicio no muy intenso porque hidrata y aporta pequeñas cantidades de algunos nutrientes interesantes. Se puede encontrar en los supermercados, solo tienes que leer bien la etiqueta para asegurarte de que no lleva más ingredientes añadidos.

MOJITO BFIT CON Q

Sin duda, este es mi refresco favorito. No aporta prácticamente calorías y es una excelente alternativa, también cuando salimos de casa. Llevemos esta receta a nuestras fiestas o locales favoritos para disfrutar de un mojito saludable.

INGREDIENTES (2 P.)

- ½ l de agua con gas o refresco
- Hielo picado
- 1 limón
- Menta o hierbabuena
- Una cucharadita de pasta de dátil

ELABORACIÓN

1. Corta medio limón en cuatro gajos y estos, a su vez, por la mitad.

2. Pasa el limón por el borde del vaso y métrelo dentro. Recuerda que tiene que ser un vaso resistente para poder machacar y mezclar los ingredientes dentro.

3. Añade una cucharadita de pasta de dátil al limón y machaca para sacar el jugo y que se mezcle todo. Este paso es opcional, hazlo solo si quieres que el mojito tenga un toque dulce.

4. Golpea la hierbabuena contra la mano con una palmada y añádela al vaso. No rompas ni machaques las hojas, porque resultaría incómodo a la hora de beber.

5. Añade hielo picado hasta la mitad del vaso más o menos, y mézclalo todo con una cuchara coctelera o simplemente una larga.

6. A continuación, llena el vaso de hielo picado hasta el borde y rellena con agua con gas o refresco, si lo prefieres más dulce.

7. Por último, decora con una ramita de hierbabuena y una rodaja de limón en el borde. Sirve con un popote de bambú y... ¡a disfrutar!

Si no tienes pasta de dátil o no te gusta, puedes añadir un poco de cualquier edulcorante que tengas en casa, o hacer una infusión de hojas de estevia y añadir un poco. La verdad es que este cóctel no necesita ser endulzado, pero queda más parecido al mojito así.

Si utilizas refresco, ya aportas el edulcorante que este lleva. ¡Pruébalo!

CAPÍTULO 5

MANUAL PARA PONERTE EN ACCIÓN

LA TOMA DE CONCIENCIA

Has llegado al primer paso, la toma de conciencia, enhorabuena. Antes de definir tu objetivo, responde las siguientes preguntas:

1. ¿Qué quieres conseguir?

2. ¿Por qué?

3. ¿Para qué lo quieres conseguir?

4. ¿Qué quieres cambiar?

5. ¿Qué beneficios te va a aportar conseguirlo?

6. ¿Cómo te ves en ese punto, una vez logrado tu objetivo o cambiado lo que quieres cambiar?

7. ¿Qué has aprendido de anteriores situaciones en las que te has planteado un objetivo? Los fracasos son las mejores enseñanzas.

8. ¿Qué pequeños pasos puedes dar para acercarte a tu objetivo?

Las respuestas a estas preguntas te servirán para marcar tu objetivo.

Justo después de la toma de conciencia, llega la toma de decisiones. Hay que hacerlo con convicción, de manera consciente y sabiendo hacia dónde te diriges. Pregúntate si esas decisiones te llevan a lo que quieres ver, ser y sentir. No tienes que responder ahora, sino planteártelo a diario, en el día a día, ya que te simplificará tomar las pequeñas decisiones cotidianas para las cuales nuestra mente tiene un límite. Por eso, al final del día, cuando ya está agotada, es habitual que al llegar a casa, durante la cena o tras ella, seamos más vulnerables y nuestra capacidad de toma de decisiones se vea limitada. Tener un entorno saludable y un menú planificado nos ayudará, pero plantearse la pregunta «¿Me acerca a mi objetivo?» puede ser clave. Utilízala.

DEFINIR TU OBJETIVO

Lo primero que debemos hacer para pasar a la acción es definir nuestro objetivo. Después de leer estas páginas, ya tienes muchas herramientas para mejorar tu salud, llevar a cabo acciones que te harán sentirte bien y verte mejor, pero quizá no sepas por dónde empezar. Por eso te recomiendo marcar una meta y definir pequeños pasos o miniobjetivos.

Para definir un objetivo, solemos utilizar el acrónimo SMART:

— **Specific:** específico

— **Measurable:** medible

— **Attainable:** alcanzable

— **Relevant:** relevante

— **Timely:** temporal

1. **Específico.** Querer «cuidarse» o «perder grasa» pueden sonar como objetivos lógicos, sin embargo, para que el plan de acción funcione, hay que ser más específicos. Te pongo un ejemplo. Yo quería escribir un libro. Pues hasta ese objetivo debía ser más específico. En mi caso, escribir un libro sobre pérdida de grasa, que incluyese mi concepto de estar en forma y mis recetas, con esta editorial y bajo unos requisitos. En tu caso, si has decidido perder grasa, aunque ya sabemos que no debemos dejarnos llevar por un simple número, quizá debas proponerte alcanzar un porcentaje de grasa concreto o «reducir X centímetros de cintura y abdomen en un año».

2. **Medible.** El objetivo tiene que ser medible, como esos centímetros o este libro que yo me había propuesto escribir.

3. Alcanzable. Tu objetivo debe ser alcanzable mediante un plan de acción. Es decir, te tiene que resultar posible reducir esos centímetros y el periodo de tiempo que te has marcado tiene que ser lógico. Siguiendo con mi ejemplo, me marqué un ritmo de escritura y, como ya había escrito anteriormente, determiné que podía alcanzarlo en X meses. No era algo imposible.

4. Relevante. Es decir, importante para ti. Esto es fundamental. De esta forma, podrás darle prioridad y te ayudará en todas las acciones y decisiones del día, porque tu objetivo es importante y lo es para ti, no viene impuesto por nadie. En mi caso, anteponía escribir mi libro a otro tipo de trabajos, mis lecturas y mi estudio estaban relacionados con la pérdida de grasa y la cocina, porque ese era mi objetivo.

5. Temporal. Debe estar limitado en el tiempo. Poner una fecha límite nos ayudará a conseguirlo, pero también a ir midiendo el progreso, tanto si es la pérdida de grasa como el avance de la escritura. Esto será clave para planificar el plan de acción. Si no hubiera puesto fecha límite para mis tareas de lectura, escritura, cocina y fotografía, aún estaría pensando en escribir este libro, sin pasar a la acción.

Si ya has escrito tu objetivo, te recomiendo hacer ahora el siguiente ejercicio:

QUÉ COSAS ESTÁN BAJO MI CONTROL	COSAS QUE NO ESTÁN BAJO MI CONTROL

CÓMO PUEDO MEJORARLAS	¿SEGURO QUE NO LAS PUEDO MEJORAR?

Te voy a poner un ejemplo:

QUÉ COSAS ESTÁN BAJO MI CONTROL	COSAS QUE NO ESTÁN BAJO MI CONTROL
Mi actividad diaria.	No tengo tiempo para entrenar.
La compra de alimentos.	Mi grupo de amigos come muy mal.

CÓMO PUEDO MEJORARLAS	¿SEGURO QUE NO LAS PUEDO MEJORAR?
Subiendo siempre por las escaleras en casa y en el trabajo, caminando 30 minutos al día.	Sí, podría sacar dos días para ir a *crossfit*. Hay un box cerca de casa y dos días podría.
Haciendo una lista de la compra sin salirme de ella para crear un ambiente saludable de alimentos en mi hogar.	No. [Si es así, que no te preocupe, no te cargues con ello. Si por ahora no puedes cambiarlo, pídeles que respeten el hecho de que vas a comer diferente].

INDICADORES DE ÉXITO

¿Cómo sabrás si has alcanzado tu objetivo? Es decir, si alguien te viera desde fuera, ¿cómo podría saber que has alcanzado tu objetivo? No solo porque verá que has perdido peso, que también, sino porque verá tu cambio de hábitos: cuando sales, pides agua en lugar de bebidas alcohólicas, optas por platos sanos en los restaurantes, usas las escaleras en lugar del elevador, comentas tu rutina de ejercicio, etc. Esos indicadores, serían indicadores de éxito.

EL AUTOCUIDADO ES UNA FUENTE INTERNA DE AUTOESTIMA

Cuidar tu forma física, tu alimentación, tu actividad, tu entrenamiento, tu descanso y tu relación con los demás y el entorno forma parte del autocuidado y repercute en tu autoestima. *Autoestima* es una palabra que usamos a menudo, pero no siempre somos conscientes de lo que comporta y cómo influye en nuestro día a día, nuestras acciones y nuestra relación con el mundo.

Sin profundizar demasiado, lo más importante que debes saber sobre la autoestima es que procede de fuentes internas y externas que la llenan o la vacían. El autocuidado, por ejemplo, es una fuente interna de autoestima.

Antes de continuar, quiero pedirte que hagas otro ejercicio: **reflexiona y escribe en el siguiente espacio o en una hoja aparte al menos cinco éxitos de tu vida.** Cinco momentos que recuerdes con felicidad, por ejemplo, la culminación de tus estudios, alguna acción que te costaba y que has superado, como el miedo a conducir o a hablar en público, algo que deseabas en tu adolescencia y ahora mismo tienes, etc.

1. ....

2. ....

3. ....

4. ....

5. ....

Piensa en esto cuando sientas que las fuerzas te flaquean. Visualiza esas situaciones en las que «has sido capaz».

Por otro lado, si ya has intentado alguna vez cambiar tu estilo de vida, tu dieta, tu ejercicio, o has llevado a cabo un entrenamiento planificado y lo abandonaste, no pienses en ello como un fracaso. Analiza lo que aprendiste de esos momentos. Que no continuaras entonces, no quiere decir que abandonaras. Si estás aquí, solo ha sido una pausa. Reflexiona sobre qué pudo fallar y trabaja sobre ese punto.

LA TAZA DE ESTAR EN FORMA

La taza de estar en forma es una manera de visualizar las fuerzas internas y externas que te ayudarán o te impedirán estar en forma, es decir, que irán a favor o en contra de tu objetivo.

Cómo se llena la taza

Las fuerzas internas que llenan la taza son los valores y las conductas que nos conducen a la salud, a estar en forma, a estar más cerca de nuestro objetivo. Estas fuerzas internas son las que nos ayudan también a neutralizar o reducir las fuerzas externas que hacen «temblar» la taza y nos alejan de nuestro objetivo. A esto yo lo llamo también neutralizar excusas, ya que son lo que suele hacer temblar nuestra taza y vaciarla.

Llenamos la taza con fuentes de autoestima interna y externa. Es importante centrarse en ambas, internas y externas, ya que las personas que solo prestan atención a las fuentes de autoestima externa, lo hacen para evitar centrar la atención en sí mismas.

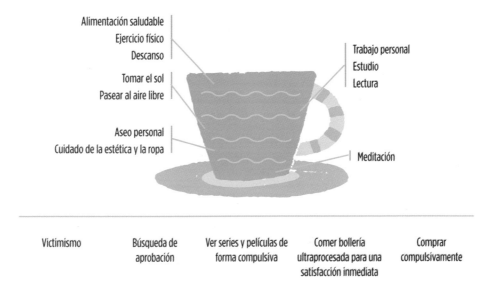

Alimentación saludable
Ejercicio físico
Descanso
Tomar el sol
Pasear al aire libre
Aseo personal
Cuidado de la estética y la ropa

Trabajo personal
Estudio
Lectura
Meditación

Victimismo · Búsqueda de aprobación · Ver series y películas de forma compulsiva · Comer bollería ultraprocesada para una satisfacción inmediata · Comprar compulsivamente

DAFO

El análisis DAFO, también conocido como análisis FODA o DOFA, es una herramienta de estudio de una determinada situación que se emplea principalmente en el ámbito empresarial. Su objetivo es analizar las características internas de la organización (debilidades y fortalezas) y su situación externa (amenazas y oportunidades) en un gráfico o una matriz cuadrada. De ahí viene su nombre: **debilidades, amenazas, fortalezas y oportunidades**.

Las debilidades y las fortalezas dependen de nosotros, las amenazas y las oportunidades dependen del exterior.

Si conocemos estos factores en relación con nuestro objetivo, podemos trabajar cada uno de ellos y saber cómo interfieren. Pero, para hacerlo, antes debemos definirlos. Esto nos ayudará a no ver el objetivo como una «montaña» que no sabemos ni cómo abordar.

DEBILIDADES	AMENAZAS
FORTALEZAS	OPORTUNIDADES

Te pongo un ejemplo:

DEBILIDADES	AMENAZAS
Me da flojera hacer ejercicio.	Las comidas sociales.
No me gusta cocinar.	Comer saludable es más caro.

FORTALEZAS	OPORTUNIDADES
Soy comprometida y organizada.	Este libro que me da información y herramientas.
Tengo conocimientos sobre alimentación saludable.	Tengo el apoyo de mi entorno.

Te propongo que elabores tu propio análisis DAFO y, una vez hecho esto, te centres en tus fortalezas y oportunidades. Por supuesto, habrá que trabajar en las debilidades, es lo más importante, pero para empezar observa tus fortalezas y detecta tus oportunidades para poder aprovecharlas.

PLAN DE ACCIÓN: PLANIFICAR LA ALIMENTACIÓN

LA COMPRA

Crea en tu casa un entorno alimentario en el cual lo más fácil sea comer de forma saludable. Para ello, es fundamental que no tengas lo que no quieres comer y no te lleva a tu objetivo. Simplificando, tu compra debería tener este aspecto:

— Verduras y hortalizas para toda la semana, que no te falten.

— Alimentos proteicos para todas tus comidas: huevos, pescados y conservas, carnes, legumbres y lácteos fermentados,

— Fruta fresca,

— Aceite de oliva virgen extra y especias,

— Café e infusiones.

Para tu menú básico enfocado en la pérdida de grasa, no necesitas nada más.

Quizá te parezca simple, pero está demostrado que esta simplicidad ayuda más en la reducción del porcentaje de grasa que tener al alcance una gran variedad de alimentos, llevar a cabo recetas complejas y hacer cálculos diarios de calorías y nutrientes. De entrada, partiendo de esta base, no es necesario enloquecer leyendo el etiquetado. Dentro de los grupos de alimentos que propongo, compra los que más te gusten. Si la base de tu despensa son los vegetales, ya tenemos gran parte del trabajo hecho.

Te animo a empezar con una lista de la compra así de simple. Si se te antojan platos más elaborados o alimentos diferentes a los que propongo, pídelos fuera de casa o cocina algo especial un día de la semana. Por lo demás, que tu compra semanal sea simple.

LA ADQUISICIÓN DE ALIMENTOS, LA LISTA DE LA COMPRA Y LA TOMA DE DECISIONES

Dentro de nuestra planificación semanal, cuando empezamos a cuidar la alimentación, es indispensable agendar día y horas que invertiremos en la compra de alimentos. A menudo, la falta de planificación a la hora de hacer la compra hace que no tengamos a nuestra disposición en casa buenos alimentos. Podemos, incluso, estar gastando dinero de más, comprando, a veces, alimentos poco saludables, algunos en exceso, otros en defecto, otros que no consumiremos y terminaremos tirando, etc. El desperdicio de alimentos es un verdadero problema tanto para el medio ambiente como para nosotros. Así que para un momento y piensa qué día o días de la semana puedes dedicar a ir a la compra. Puedes dedicar un día a ir al supermercado a por los productos que necesites de allí y otro, con más tiempo, a ir al mercado, pasear y adquirir en él frutas, hortalizas y otros alimentos a granel para la semana.

Antes de ir al mercado, piensa cuántas piezas de fruta se consumen a diario en tu casa y pídelas así, por piezas, igual que las hortalizas.

En el supermercado, ten bien presente a qué pasillos necesitas ir, esto te ahorrará tiempo y evitará que te distraigas con productos que no necesitas.

Compra alimentos que requieran preparación. Evita tener en casa picoteo, aunque sea saludable. Por ejemplo: compra huevos y papas en lugar de tortilla española de papas para calentar, o cualquier otro producto «listo para consumir». Compra garbanzos y aguacates en lugar de hummus y guacamole envasados. En definitiva, que cuando abras el refrigerador, tengas que preparar o cocinar lo que vayas a comer. Intenta incluso prepararte un plato cuando vayas a comer hortalizas crudas, fruta o un sencillo yogur con canela. Trabajar un poco lo que comes y su presentación ayuda a no excederse en la ingesta y mejora las elecciones.

He mencionado a propósito el guacamole y el hummus de supermercado, porque me parecen una forma muy sencilla de exceder las calorías del día con productos considerados saludables. Lo mismo sucede si tenemos en casa bolsas de frutos secos, sobre todo si son salados y tostados, por lo que te recomiendo adquirirlos con cáscara. Si vas a prepararte una pizza, un panqué de chocolate o una tarta de queso con nueces, compra los ingredientes justos para esa preparación. Son recetas saludables que puedes cocinar una vez a la semana o cada dos, pero no te recomiendo tener los ingredientes en casa, porque son una tentación. Póntelo fácil. Llénalo todo de verdura, hortalizas y fuentes proteicas que tengas que cocinar.

Alíate con las especias. Las hierbas aromáticas y las especias tienen un toque realmente mágico, multiplican el valor nutricional de muchos platos y nos hacen disfrutar mucho más de la comida. A menudo, se relacionan los menús enfocados a la pérdida de grasa con comidas insípidas de las que se disfruta menos, quizá porque reducimos aceites, azúcar y harinas, que dan una palatabilidad desmedida además de bastantes problemas de salud. Un mundo nuevo se abre si aprendes a utilizar las hierbas y las especias, e incluyo también el ajo y la cebolla, que pueden convertir nuestros platos en una delicia. No entraremos ahora a analizar los enormes beneficios de especias como la cúrcuma, la canela, el perejil, el tomillo, el pimentón, la albahaca, el clavo, el anís... Disfruto muchísimo combinándolas, me transportan a mi ciudad, Granada, donde muchas calles del centro huelen a especias y combinaciones infinitas de tés e infusiones.

CÓMO LEER LAS ETIQUETAS

No pretendo ser exhaustiva, pero sí quiero hacer hincapié en algunos conceptos básicos.

1. **No te fíes de un alimento que promete demasiado.** Cuantos menos productos con etiqueta consumas, mejor, pero, si lo haces, desconfía de aquellas con afirmaciones del tipo: SIN, 0 %, con más de «algo», con menos de «lo otro».

2. **Lee primero la lista de ingredientes.** Cuanto más corta sea, mejor. A no ser que hablemos de un producto compuesto por varias materias primas, por ejemplo, un bote de legumbres con verduras añadidas o un paquete de muesli, elige los productos con la menor cantidad posible de ingredientes. Por ejemplo, si buscas el mejor yogur, será aquel que solo contenga la leche del animal que sea y fermentos lácticos, los microorganismos encargados de la fermentación del yogur. Lo mismo ocurre con el queso, que suele tener un tercer ingrediente: sal.

3. **Al leer la tabla de composición nutricional, no caigas en el error de pensar que todas las grasas, proteínas, hidratos de carbono e incluso los azúcares son iguales.** No es así. No son iguales los azúcares de un yogur natural, que corresponden a los propios de la leche, que otro producto lácteo que lleve azúcar en su lista de ingredientes. Los cereales, las legumbres, los vegetales, las frutas y los frutos secos, entre otros alimentos, contienen hidratos de carbono y azúcares simples en su composición, eso no significa que no sean recomendables, ya que corresponden a su composición natural, pero si solo lees la tabla de

composición nutricional, no podrás saberlo. Por eso mi recomendación general es que aprendas a identificar los alimentos saludables y no enloquezcas leyendo etiquetas en el supermercado. Si ves una bolsa de verduras congeladas en cuya lista de ingredientes aparecen simplemente las verduras, no te hace falta leer la tabla de composición. Come verduras y hortalizas, todas las que puedas, en todas tus comidas. Fin.

PLANIFICACIÓN DEL MENÚ

Sin un plan, un objetivo no es más que un deseo. Por eso vamos a hablar un momento de la planificación del menú, que es una forma de facilitarnos la alimentación.

Intenta hacer tres comidas al día

Ya hemos visto que el número de comidas que hacemos es una decisión muy personal, pero mi recomendación es que centres tu dieta en un máximo de tres comidas principales al día. Intentar hacer un máximo de tres comidas suficientemente saciantes es un buen hábito, ayuda a reducir la ingesta y a lograr el déficit calórico que buscamos. Además, al hacer menos comidas recobrarás las sensaciones de hambre y saciedad.

A pesar de que se sigan oyendo argumentos del tipo «comer cinco veces o más al día acelera el metabolismo», la ciencia ha demostrado que no hay diferencia si la ingesta calórica es la misma y, en mi experiencia, en la merienda y el almuerzo somos más susceptibles de tomar malas decisiones.

Si actualmente haces cinco comidas al día, puedes empezar reduciéndolas a cuatro o hacer tres comidas principales y tomar un cortado a media mañana y una pieza de fruta a media tarde. Busca opciones que se adapten a ti y a tus necesidades. Si realmente pasas un hambre feroz de una comida a otra, quizá no estás comiendo suficiente en las tres comidas principales, o estas no contienen suficiente proteína y fibra. Recuerda: añade vegetales y proteína en todas las comidas.

Libérate de la «presión» de estar comiendo todo el día y preocúpate de hacer dos o tres ingestas de calidad. En cualquier caso, puede ser práctico tener a mano *snacks* saludables, por si acaso. Elige alguno de los que hemos visto en el apartado de recetas.

Planifica tu carga con Q

Dentro de tu proceso de pérdida de grasa te recomiendo que, cada cierto tiempo, planifiques una comida «libre» más alta en energía procedente de alimentos con alta concentración de hidratos de carbono. Ya hemos comentado antes que aumentar puntualmente los carbohidratos beneficiará tu proceso de pérdida de grasa, tu organismo y tu relación con la comida. Procura, eso sí, que sean alimentos saludables.

Una buena opción para empezar es que planifiques estas comidas cada quince días, aunque, dependiendo del caso, esta frecuencia puede variar. También tendrá que ser más o menos «cargada» dependiendo de tu objetivo, del tiempo que lleves en un proceso de pérdida de grasa y lo bien que lleves el déficit calórico. Pero, en términos generales, cada dos semanas favorece el proceso, aunque, siendo realistas, yo suelo planificarla de forma semanal.

Estas comidas, a las que llamaremos cargas con Q, tienen que estar bien medidas, no pueden incluir alimentos de mala calidad. Estas son algunas de las comidas más demandadas por mis clientes:

— Paella valenciana del fin de semana, mis pacientes valencianos.

— Arroz a la cubana, mis pacientes hispanos.

— Pizza con Q o pizza convencional hecha en casa.

— Sushi, los pacientes de mi generación.

— Tortitas con Q o *porridge*.

— Tortilla española de papas, con papa cocida, mis pacientes andaluces.

— Sándwiches y hamburguesas con pan o papas asadas.

Recuerda que lo importante es disfrutar de esta comida, mejor en compañía. Es recomendable utilizarla un día de entrenamiento intenso, pero planifícala cuando mejor te vaya.

Planificación semanal

Ahora que ya hemos visto cómo hacer una buena compra de alimentos, el siguiente paso es visualizar las recetas. Te voy a poner un ejemplo de una semana de verano completa en la que el objetivo sea generar un déficit calórico, mediante platos nutritivos y saciantes, con una pequeña subida de calorías el domingo.

	LUNES	MARTES	MIÉRCOLES	JUEVES	VIERNES	SÁBADO	DOMINGO
DESAYUNO	Café *fit* con Q	Café *fit* con Q	Café *fit* con Q	Café *fit* con Q	Café *fit* con Q	Tortilla española perfecta con albahaca y jitomate	Tortitas con Q
SNACK	Delicias con Q	Huevos cocidos y palitos de zanahoria	Nectarina con *mozzarella*	Huevos con zanahoria	Fruta y frutos secos		
COMIDA	Ensalada arcoíris	Lentejas vegetarianas	Ensalada con Q básica	Tacos con Q	Calamares de casa	Colirroz a la cubana	Tortilla española de papa con Q
POSTRE	Fruta	Fruta	Fruta	Fruta	Fruta	Explosión de frutos del bosque	Pasión de chocolate
CENA	Puré de calabaza y zanahoria	Ensalada con sardinas	Tortilla española de coliflor	Ensalada caprese	Pizza con Q	Ensalada con salsa especial con Q	Minipizzas *alla Norma*
POSTRE	Postre en rosa	Postre en rosa	Postre en rosa	Postre en rosa	Postre en rosa	Helado tropical	Infusión
ACTIVIDAD	Fuerza	Fuerza	Caminatas	Fuerza	Caminatas	Baile	Correr

Comidas fuera de casa

A menudo mis clientes me plantean que las comidas sociales, de los fines de semana y eventos, son el principal problema a la hora de cuidar su alimentación. Acabemos con esto. Hay que saber hacer buenas elecciones fuera de casa y también saber tener flexibilidad en la dieta. Antes que nada, analiza si utilizas ese «tengo demasiadas comidas sociales» como excusa para no cuidarte (en el último apartado de este libro encontrarás una acción semanal que llevar a cabo que incluye este punto). Piénsalo, este acto de comer en sociedad no «estropea» nada, es más, es una bendición y una suerte tener amigos, familiares y tiempo libre para disfrutar con ellos del placer de la comida. No nos olvidemos que la comida, además de nutrir el cuerpo, también nos alimenta el alma, sobre todo en buena compañía.

Comer con Q fuera de casa

Comer fuera de casa o no seguir tu planificación dietética enfocada en la pérdida de grasa no implica «romper» ni «saltarte» nada. Elige en cada momento lo óptimo según tu objetivo, lo que se te antoje o lo que más te guste. Una comida aislada no define tu progreso. Disfrútala sea cual sea tu elección.

Voy a reducir a tres las opciones que tienes en una comida social con amigos, una fiesta, una cena en pareja o una comida familiar:

Opción 1. Decidir que quieres seguir con tu plan, buscar la opción más parecida a tu enfoque, pedir ensalada y alimentos con proteína de calidad en el restaurante tras estudiar la carta, no probar el postre y beber únicamente agua. Pedir en la casa a la que vayas, o en la tuya propia, que tu menú sea diferente o llevarlo tú. Explicar a tus amigos tu circunstancia y pedir que respeten tu elección de no consumir lo mismo que ellos ese día. Si vas a seguir esta opción, puede ser recomendable comer algo en casa, de lo que tengas pautado o planificado, para no acudir a la celebración con hambre real, ya que la toma de decisiones se vería afectada. Si lo has decidido, hazlo así, sin entrar en conflicto contigo y mucho menos con los demás. Disfruta de tu elección y siente orgullo por ello.

Opción 2. Llevas a cabo tu menú bien planificado en casa, con una lista de la compra que te facilita mucho la toma de decisiones. Realizas tu entrenamiento también planificado, de hecho, hace tiempo que no te saltas ni un día porque lo disfrutas mucho. Además, has aumentado tu actividad. Por eso, decides que, cada vez que se te presente una situación de comida social, incluso aunque realices una comida libre a la semana o cada dos, vas a consumir lo que haya y lo vas a disfrutar sin remordimiento, porque entiendes que una comida de ese tipo, aunque incluso tomes un postre dulce, no repercute en tu objetivo, o al menos no de forma notoria. Eres constante en tus hábitos diarios, por lo tanto, esta precisión no es tan necesaria fuera de casa. Más vale saber disfrutar de esa comida diferente, quizá no tan nutritiva, pero que nutre otras cosas: tus relaciones sociales y tu buena relación con la comida.

Opción 3. Es una mezcla de las dos anteriores. Mantienes tu nuevo estilo de vida en tus comidas sociales, incluso lo muestras, por ejemplo, bebiendo agua en lugar de alcohol o refrescos, no tomando pan en los establecimientos de comida, pidiendo fruta de postre en lugar de repostería, pero también eliges de la carta lo que se te antoja, como una pizza o algo que no esté cocinado como sabes que podría ser más saludable. O eliges los platos más saludables, pero tomas ese día un postre dulce. Tú decides qué pequeño placer culinario quieres incluir. No consumas alcohol porque te dé vergüenza pedir agua, pero si se te antoja una cerveza, tómatela. No pidas postre dulce si sientes que disfrutarías igual de un poco de fruta. Repito, tú decides de qué forma vas a flexibilizar tu día. Además, eso no es tu día a día, esa comida no determina tu patrón diario.

Si mantener un cierto número de comidas libres, sociales o fuera de casa te va a ayudar a mantener tu compromiso con el plan de acción, hazlas. En mi experiencia, saber acoplar el plan de alimentación enfocado en la pérdida de grasa con la faceta social de la alimentación es, en la mayoría de los casos, una de las piezas más importantes en la adherencia y la consecución de objetivos.

El acto de comer

A menudo comemos sin prestar atención a lo que hacemos. En mi opinión, esto es alimentarse a medias.

El acto de comer ha sido a lo largo de toda nuestra evolución un momento de máxima conciencia y agradecimiento. A través de la comida expresamos amor hacia nosotros mismos y hacia quienes nos acompañan. Celebramos con preparaciones más elaboradas; nos cuidamos, nos reconfortamos; hacemos girar nuestro día y nuestras festividades en torno a la comida, pero muchas veces no la disfrutamos ni la agradecemos como merece.

Te propongo que, en consonancia con el placer de comprar mejores ingredientes, la motivación de planificar tu menú, la diversión y la motivación de mejorar en tu cocina, te centres, con todo el respeto que merece, en el momento de comer.

Dedica tiempo a la preparación de tus platos, pero también a su consumo. Si no lo tienes, quizá es más lógico revisar el capítulo del ayuno intermitente y permitirte la ingesta cuando de verdad puedas realizarla. No pasa nada por esperar y llegar al momento de la comida con un poco de hambre, pero, cuando comas, te recomiendo que lo hagas de manera pausada. Esto generará beneficios para tu salud, tu estado de ánimo e, incluso, te ayudará también a perder grasa, ya que la toma de conciencia pasa también por examinar y mejorar nuestro momento de las comidas.

Te voy a dar unos consejos para conseguirlo.

1. **Visualiza mentalmente tu comida.** Imagínala incluso unas horas antes de que llegue la hora de tomarla, ya casi sientes su aroma y textura.

2. **Haz que tus platos sean vistosos.** Juega con los colores, el orden de los ingredientes, sazónalos a tu gusto y ponlos a la temperatura adecuada en el plato.

3. **Sírvete un vaso de agua, bébelo a pequeños sorbos mientras observas la comida que vas a ingerir.** Hazla esperar unos minutos, mientras bebes el agua. Es agradable calmar la sed, notarás que se reduce tu agitación por empezar a comer. Además, el agua fresca es deliciosa, sírvete más antes de empezar a comer.

4. **Come en pequeñas porciones, mastica lentamente, cerrando los ojos, si lo necesitas, para saborear cada bocado.**

5. **Pregúntate a mitad de la comida si aún tienes hambre.** Si es así, sigue comiendo, de lo contrario, guarda lo que quede en tu plato para la siguiente comida o para el día siguiente.

Comer con ansiedad productos que no nos acercan a nuestro objetivo genera doble malestar, físico y mental, por la incoherencia de nuestros actos. Si te pasa, analiza el motivo. Piensa si estabas triste, sentías aburrimiento o te preocupaba algo. Si vuelves a experimentar ganas de comer grandes cantidades de algún producto ultraprocesado, o cualquier otro tipo de alimento, cuando no tenías planificado hacerlo o en más cantidad de lo habitual, pregúntate cómo te sientes, qué te preocupa, e intenta solucionarlo. Si sientes que está fuera de tu control, respira profundamente y decide si quieres seguir cuidándote tal y como te has propuesto. Bebe un vaso de agua, toma unas zanahorias cortadas o una pieza de fruta fresca y, mientras masticas, vuelve a pensar en la cuestión que te iba a llevar a comer o comprar productos poco recomendables.

PLAN PARA PLANIFICAR TU ACTIVIDAD FÍSICA Y TU ENTRENAMIENTO

Deberíamos movernos igual que nos alimentamos, respiramos y vamos al baño, porque es necesario. Sin embargo, la vida moderna, con sus comodidades, intenta facilitar que no lo hagamos. Así que, por raro que pueda parecer, tenemos que programar y planificar nuestra actividad física e incluirla en nuestros días como un hábito saludable inamovible. Voy a darte algunos consejos básicos para hacerlo.

— Realiza unos breves ejercicios de movilidad cada día al levantarte.

— A los anteriores, puedes sumar una pequeña rutina de ejercicio, por ejemplo, 50 sentadillas matutinas a buen ritmo para activarte.

— Realiza todos los desplazamientos que puedas caminando, planifícate para salir antes de casa teniendo en cuenta el tiempo que invertirás si vas andando en lugar de en coche o transporte público. El tiempo que ahorras en el coche, camión o metro se lo quitas a tu cuerpo y a tu salud.

— Otra buenísima opción es usar la bici para tus desplazamientos por tu localidad.

— Sube todas las escaleras que encuentres a tu paso, evita las mecánicas y los elevadores.

— Tómate tu tiempo para ir a hacer la compra. Si puedes, ve una vez a la semana al mercado y carga las bolsas o tu carrito. Esto, además de una gran actividad, es saludable en más aspectos.

— Suma una hora de caminata extra al día. Es decir, sal exclusivamente a pasear siempre que puedas, al aire libre y que te dé el sol. Si no puedes entre semana, hazlo al menos los fines de semana y festivos.

— Aprovecha para caminar cuando te llamen por teléfono, cuando estés en la playa, organiza incluso reuniones con amigos que consistan en charlar dando un paseo. Esta práctica me encanta.

EJERCICIO

Como ya puedes imaginar, el **entrenamiento de fuerza** será la base del ejercicio que vamos a planificar. Te recomiendo que configures una rutina de entrenamiento de fuerza básica, por ejemplo, torso-pierna, incluyendo los ejercicios principales, como sentadillas, peso muerto, *press* de banca, remo, entre otros. Esto consiste en entrenar un día tren superior, otro día tren inferior, aunque también puedes hacer rutinas que trabajen todo el cuerpo, y hacer un día de descanso en el que camines esa hora extra que te comentaba, y complementar esto con ejercicios tipo HIIT, que vimos que era lo más eficiente dentro del ejercicio cardiovascular.

Esto es solo un ejemplo dentro de las infinitas posibilidades que tienes para planificar tu entrenamiento, por eso, mi recomendación es que busques ayuda de un profesional del acondicionamiento físico. A continuación te propongo de forma muy breve una planificación que aúna algunos sencillos gestos que aumentan tu actividad e incluyen la planificación resumida de entrenamiento:

	LUNES	MARTES	MIÉRCOLES	JUEVES	VIERNES	SÁBADO	DOMINGO
MOVILIDAD	7:00 h	7:00 h	7:00 h	7:00 h	7:00 h	9:00 h	9:00 h
CAMINAR	al trabajo	al trabajo	al trabajo	al trabajo	al trabajo	al mercado	
FUERZA	18 h, fuerza	18 h, fuerza		18 h, fuerza	18 h, fuerza		
LISS		30', después del entrenamiento de fuerza	20 h, paseo de 5 km		30', después del entrenamiento de fuerza	Paseo en bici	11 h, ruta de montaña

	LUNES	MARTES	MIÉRCOLES	JUEVES	VIERNES	SÁBADO	DOMINGO
HITT	10', después del entrenamiento de fuerza		10', después del paseo	10', después del entrenamiento de fuerza		10', después del paseo	
BAILAR		20 h, clase de baile			20 h, salir a bailar		19 h, ir al local de baile
YOGA			21 h, después de cenar			En ayunas, después de la movilidad	10 h, después de la movilidad

PLAN PARA RECONECTAR CON TUS RITMOS BIOLÓGICOS

ALTERACIONES DEL DESCANSO Y CRONODISRUPCIÓN

A lo largo de nuestra existencia, nuestra forma de vida ha consistido en movernos por el exterior guiándonos por los ritmos de luz y oscuridad que marca la naturaleza. El término cronodisrupción hace referencia a la ruptura de nuestra relación con esos ritmos naturales. Hemos olvidado que nuestro reloj interno debe estar acoplado al tiempo ambiental. Los horarios impuestos por la sociedad, que nos hacen madrugar demasiado o irnos a dormir muy tarde, y nuestra exposición a luces artificiales de pantallas mediante nuestros celulares, tabletas, computadoras y televisores dañan nuestro ritmo circadiano.

Además de exponernos a pocos contrastes lumínicos, nos exponemos también a pocos contrastes de temperatura. Por muy cómodo que nos parezca, cuando intentamos estar a la misma temperatura todo el día, en todas las estaciones, no dejamos que nuestro organismo se enfríe, como es natural, por la noche, para permitir un mejor descanso. Todo esto tiene una gran incidencia en nuestra salud, nuestra composición corporal y nuestro bienestar.

Cuando dormimos nuestro cerebro se limpia. Pero cuando dormimos poco, la ghrelina, la hormona que aumenta el hambre, se eleva, y la leptina, la hormona de la saciedad, disminuye. Además, nos volvemos más sedentarios con la falta del sueño.

Tanto si cuidas más o menos tu alimentación, haces o no ejercicio y tienes o no el objetivo de perder de grasa, no descuides este aspecto:

— Proponte apagar tus dispositivos electrónicos lo antes posible cuando llegues a casa, al final de la tarde y durante la noche. Vete a la cama temprano y sin ellos.

— Exponte un poco al frío. Aprovecha el invierno para dar algún paseo sin demasiado abrigo, termina tu baño con agua fría y no abuses de la calefacción en casa; mejor entra en calor durante el día con movimiento, activándote con algunos ejercicios matutinos, subiendo escaleras y caminando al sol.

La luz tiene efectos tanto visuales como no visuales, y ambos regulan nuestro reloj interno. Por lo tanto, regular nuestros horarios en función de los horarios de luz natural nos puede ayudar mucho a mejorar la calidad de vida, prevenir enfermedades, recuperarnos después del ejercicio y a aumentar nuestra sensación de bienestar.

— Intenta, cada día, exponerte a los primeros rayos de sol o, al menos, procura que te dé el sol en algún momento de la mañana. Da un paseo diario al sol, intentando, siempre que sea posible, que te dé en brazos y piernas.

— A partir de la caída del sol, utiliza luces cálidas, no azuladas, en casa. Incluso puedes usar solo velas. Utiliza filtros de noche rojizos en tus dispositivos celulares y computadoras (la mayoría ya los traen incorporados). Proponte no exponerte a luces azules ni activarte a horas nocturnas con estimulantes como el café.

— Acuéstate antes. Después de esa «desconexión digital», conecta contigo, lee o practica algún tipo de meditación, da importancia real al momento de irte a dormir, ve con calma y con la certeza de los beneficios de cuidar la duración y la calidad del descanso nocturno.

— Mantén el dormitorio a una temperatura suave, no calurosa, el organismo necesita que la temperatura sea algo baja para descansar mejor.

— Relaciónate con otras personas siempre que puedas. Esto también influye positivamente en nuestros ritmos circadianos.

PLAN PARA RECONECTAR CONTIGO Y CON TU ENTORNO

En la conexión con el entorno, yo incluyo el contacto con la naturaleza, el contacto social y la buena relación con nosotros mismos.

- Intenta ir al mar, a la montaña, a pisar tierra y pasto con los pies descalzos siempre que sea posible, si puede ser, semanalmente.

— Relaciónate con las personas de tu entorno, sobre todo con tus familiares, amigos y demás personas que te hagan feliz, elimina de tu vida a aquellas personas que no te hagan sentir bien, cuida mucho a las personas valiosas de tu vida, con las que te hayas cruzado y las que ya conozcas. Somos seres sociales, cuida a los demás, sé amable, regala una sonrisa siempre que puedas, presta tu ayuda, pídela tú cuando la necesites, agradece siempre el buen hacer contigo, disfruta de tu relación con las personas, muchas de ellas son maravillosas.

— Medita cada día. Actualmente hay disponible mucha información al respecto. Busca un profesional que te ayude o investiga por ti mismo para aprender. Existen programas y aplicaciones de celular muy prácticas. Con cinco o diez minutos al día, en principio, es suficiente. Te cuento más tras estas líneas.

MEDITACIÓN

Entrenar la mente es tan o más importante que entrenar el cuerpo. La atención plena se basa en la intención, la atención y el interés (una actitud abierta y amable contigo y con el mundo). En tu objetivo de pérdida de grasa puede que esta sea la parte que te ha faltado anteriormente, ya que meditar te ayudará a ser más consciente de tus acciones.

Instaurar la meditación como un hábito diario puede ayudarte más de lo que imaginas. Existen estudios, como el de la World Obesity Federation, en los que se evidencia que la meditación y el mindfulness se asocian con la pérdida de peso, ya que ayudan a cambiar comportamientos nocivos en nuestro día a día.

Yo antes solía meditar de vez en cuando, pero he notado mucha diferencia al convertirlo en un hábito diario que, en mi caso, llevo a cabo a primera hora del día, y me ayuda a afrontar de manera diferente las acciones del día. Como pasa con el entrenamiento de fuerza, meditar es un proceso lento, así que ten paciencia.

Practicar meditación de forma habitual trabaja los sentimientos de frustración y de culpa, ayuda a entender los pensamientos y ofrece claridad mental, por eso no se debe confundir con dejar la mente en blanco. Meditar nos ayuda a ordenar, ya que esta práctica se centra en el aquí y ahora. La base de la meditación es prestar atención a dónde estás, qué estás haciendo y cómo te sientes. Esto **te ayuda a ser más consciente de las acciones que llevas a cabo en el día**. Por eso se relaciona con la creación de nuevos hábitos saludables.

Si no sabes cómo empezar, te recomiendo que busques alguna aplicación de celular. Son muy prácticas y ofrecen meditación guiada y otras enseñanzas relacionadas.

VIVIR SIN TELEVISIÓN

Cuando hablo de vivir sin televisión me refiero a tener a un estilo de vida más conectado con uno mismo. Entiendo que sorprenda, por eso quiero contarte cómo este gesto añade tiempo y valor a mis días. Yo no era muy consciente hasta que comencé a vivir en pareja. Fue él quien se percató y quien, aún hoy en día, les cuenta a familiares y amigos que, aunque al principio le parecía extraño, hoy es consciente de que empezar a vivir sin tele desde que está conmigo ha sido un cambio tan saludable como dejar de beber y fumar.

Estos son algunos motivos por los que abogo por vivir sin televisión:

- Roba tiempo con contenido poco o nada interesante. Puedes ver ese documental, película o programa divertido cuando tú quieras en una computadora.

- Mata la creatividad. Esto me lo dijo una amiga hija de artistas que conocí cuando hice mi Erasmus. Nunca había tenido tele en su casa, era atleta, estudiante de Historia del Arte, pintora y hablaba cinco idiomas.

— Fomenta el consumismo desmedido, incluidos los productos ultraprocesados nada saludables. **La publicidad de productos ultraprocesados es abrumadora**, párate un día y observa cuántos anuncios de televisión hay de productos para comer poco saludables. Un estudio de abril de 2008 del Center for Science in the Public Interest, de Washington, Estados Unidos, indicó que nueve de cada diez anuncios de alimentos una mañana de sábado durante la programación infantil fueron de alimentos ultraprocesados.

— **Crea angustia e instaura la negatividad**. No hay más que ver las noticias. Hay otras maneras de informarse.

— Es una de las causas que más influye en el aumento del **sedentarismo**, porque es una ventana inagotable de entretenimiento en su mayoría vacío (no es el único contenido que ofrece, pero sí el más visto).

— No fomenta la comunicación ni la convivencia en el hogar. Por eso te aconsejo que, al menos, comas sin televisión ni aparatos electrónicos.

Yo empecé a vivir sin televisión a mis dieciséis años, en mi internado con vistas a la Alhambra y, más adelante, en mi época universitaria (que tenía, pero había perdido la costumbre de encenderla), durante mi año de Erasmus la desconexión fue total y, al venir a vivir sola a Valencia, me encantó que mi primer departamento no tuviera. Ahora, que vivo en pareja en menos de cuarenta metros cuadrados, estamos seguros de que la escucha que hacemos de nosotros mismos y la calma con la que disfrutamos algunos momentos, como los de la comida, se debe en gran medida a eso.

Si tienes un objetivo de pérdida de grasa, esta conexión contigo y con el hogar es una gran ayuda, por no hablar del tiempo que evitas estar sin hacer nada productivo. Yo te animo a apagarla.

Como dice Marcos en su libro *Invicto*, «la distracción planificada, como forma de descanso y relajación, no solo es válida, es necesaria. El problema viene cuando estas distracciones acaparan una parte importante de tu jornada, desplazando las actividades que realmente te acercan a tus objetivos».

Así, disfrutar de una buena película o un documental es una forma estupenda de aprender y relajarnos, pero la realidad es que los niveles de audiencia de los programas del corazón, concursos, franjas publicitarias, *realities* y similares tienen niveles de audiencia muy elevados.

Protege tu tiempo, es limitado y de lo más valioso.

DIARIO DE ESTILO DE VIDA: PLANIFICACIÓN Y REPASO DIARIO DE OBJETIVOS

El motivo principal de no avanzar hacia un estilo de vida que optimice nuestra composición corporal es perder la conexión con lo que estamos haciendo y con lo que queremos. Cuando nos damos cuenta, nos frustramos y consideramos que cualquier pequeño paso que sigamos dando ya no tiene sentido. Pero no es así, y en este capítulo quiero enseñarte a reflexionar cada día sobre el cambio de hábitos para saber rectificar, aprender y seguir avanzando.

Por eso te propongo que lleves un diario de estilo de vida, que utilizarás como herramienta de seguimiento y reflexión. A continuación te voy a poner distintos ejemplos de cómo utilizarlo.

Diario de estilo de vida: piensa cada mañana tres acciones enfocadas en tu objetivo. Plantéalo así: tres acciones que van a hacer genial mi día, alineadas con mi objetivo y que me hacen más feliz.

Ejemplo:

1. Consumir un café solo en el descanso del trabajo y aguantar el ayuno hasta la hora de comer.

2. Entrenamiento de fuerza del día por la tarde.

3. Irme a la cama a las 22 h sin aparatos electrónicos.

Escribe los tuyos, por ejemplo, para mañana:

1. ....

2. ....

3. ....

Al final del día, antes de acostarte o cuando encuentres un momento, revisa las tres acciones que escribiste por la mañana y analiza si las llevaste a cabo. Si no es así, reflexiona sobre lo que pudo haber fallado: si eran demasiado exigentes, qué se ha interpuesto en ello, qué puedes hacer para poder llevarlas a cabo. Si las cumpliste, ¡felicítate! ¿No sientes orgullo por haber avanzado hacia tu objetivo?

Al día siguiente, reflexiona y proponte otras tres acciones o modifica alguna que hayas tenido dificultad para realizar.

Ejemplo:

1. No me resultó complicado tomar el café solo y aguantar hasta la comida, mañana sumo a este objetivo subir las escaleras del trabajo al menos tres veces durante la mañana.

2. Fui al gimnasio, pero no me dio tiempo de terminar el entrenamiento. No pasa nada, seguiré priorizando mantener el hábito.

3. Conseguí irme a la cama a las 22:45. Estaba mirando redes. Voy a seguir trabajando en este objetivo mañana.

Recuerda cada día que tu compromiso es más importante que tu motivación. Ni tú ni nadie puede estar motivado todos los días. Por eso es vital establecer un compromiso con tu objetivo, esa es la tarea. La mal llamada motivación es, simplemente, comprometerse con lo que uno se ha propuesto. Será lo que haga que vayas al gimnasio aunque no tengas ganas, que te prepares una cena saludable cuando se te antoje pedir una pizza o hacerte un sándwich. Para motivarte, tal y como yo lo entiendo, ponte tus audífonos con música que te guste, pero la clave está en que crees un compromiso.

Reflexiona al final del día

Estaría bien que al final de cada día la vida nos preguntara si queremos guardar los cambios.

TU DÍA DE HOY		
¿DESEA GUARDAR LOS CAMBIOS?		
⭘ GUARDAR	⭘ NO GUARDAR	⭘ VER EN QUÉ PUEDO MEJORAR

Para seguir con el diario de estilo de vida, además de la actividad de pequeños objetivos diarios, te recomiendo dos más.

La primera consiste simplemente en anotar, antes de dormir, todas las tareas pendientes: esa llamada que andas retrasando, esa actividad deportiva que quieres iniciar, ese paseo al campo que quieres dar el domingo, esa tarea de trabajo que no te deja dormir... Esa es la clave, descargar la mente de las cosas que puede que no vayan a dejarte dormir.

Tareas pendientes de este mes:

1. ....
2. ....
3. ....
4. ....
5. ....

Te propongo que empieces anotando cinco, por ejemplo, y que zanjes una cada día de lunes a viernes.

La segunda actividad que te propongo es que, si puedes, también antes de irte a dormir, anotes las acciones positivas que te llevan a tu objetivo que realizaste durante el día. Anota todas las que quieras, también las que has implementado de forma rutinaria en tu semana y alguna que lleves haciendo varios meses:

1. ....
2. ....
3. ....
4. ....
5. ....

Agradece

Los sentimientos de gratitud se asocian a una salud mejor. La práctica de la gratitud debe gozar de la misma importancia dentro de tu vida que la práctica de ejercicio.

Dentro de las acciones que implementar cada semana, te propongo lo siguiente: agradece tres cosas de tu día cada noche. Te recomiendo que las digas en voz alta o que te comprometas a hacer este ejercicio con tu pareja, con alguien de tu familia o con alguna persona con la que quieras comprometerte a hacerlo cada día. Yo lo hago en pareja antes de irnos a dormir y no te imaginas la sonrisa con la que inicias el sueño. Aunque intento variar mis agradecimientos, suelo repetir lo siguiente: «agradezco haber tenido un día sin dolor físico ni enfermedad, agradezco haber podido hacer mi entrenamiento, agradezco tener comida saludable con la que alimentarme». Puedes incluso agradecer el haber podido llevar a cabo algunas de las acciones que has anotado antes. Tenemos mucho más que agradecer que por lo que quejarnos. Agradece.

CLAVES PARA EL PROCESO Y PARA MANTENERTE *FIT* CON Q PARA SIEMPRE

Para concluir, me gustaría compartir contigo una serie de claves que condensan todo lo que hemos comentado en el libro y que te resultarán más fáciles de recordar. Están basadas en mi conocimiento, mis lecturas de artículos científicos y mi experiencia profesional y personal.

Para mí la clave para el éxito de un proceso de cambio de estilo de vida empieza con la toma de conciencia. A partir de ahí, necesitamos trabajar dos ámbitos. Por un lado, la **planificación** que, tal y como te he ido explicando, precisa de un objetivo y se basa en priorizar, y la **motivación**, que está muy relacionada con el compromiso con ese objetivo mismo, pero que precisa también del entorno y la «tribu», es decir, del factor humano, que es un apoyo externo que tú te creas.

EL FACTOR HUMANO

Quiero decirte que los cambios no son fáciles. Yo he puesto toda mi ilusión y energía en este libro para acompañarte y ayudarte, pero si sientes que no puedes hacerlo en soledad, pide ayuda; aunque tengas información y hayas logrado grandes avances, si sientes que te puede hacer el camino más agradable, pide ayuda.

Puede ser a tu familia, pareja o ayuda profesional, por ejemplo, un dietista-nutricionista en el que confíes, para que te ayude de forma cercana, ahora que eres consciente.

Y, por supuesto, si lo necesitas, vuelve a leer los capítulos que consideres que te puedan ayudar una vez establecidas estas claves.

EL MANTENIMIENTO

En el mundo de la dietética nos sorprende, e incluso molesta, cuando alguien pregunta: «¿Y cuándo tendré una dieta de mantenimiento?». Personalmente, considero que si buscas una «dieta de mantenimiento» no te llegó mi mensaje. Pero, aun así, puedo entender que te hagas esa pregunta. Sobre todo si has puesto en práctica muchos cambios, incluido un protocolo dietético muy ajustado a la pérdida de grasa. Te daré mi respuesta más corta: una dieta de mantenimiento, si partimos de una enfocada en la pérdida de grasa, puede consistir, simplemente, en seguir con la misma dieta, pero con más flexibilidad en tus comidas y patrón dietético en general. Por ejemplo, tener un par de comidas libres a la semana o dejar de pesar los alimentos, pueden considerarse dos acciones características de ese «mantenimiento», en el que dedicamos menos energía mental al objetivo de la pérdida de grasa, porque ya tenemos una composición corporal óptima y que nos hace sentir mejor. Sin embargo, siempre habrá ciertas conductas de estilo de vida, totalmente interiorizadas como hábito, que serán claves para preservar lo conseguido.

Para mantener tus logros recuerda que esa persona que ves reflejada en el espejo cada día es tu mejor amiga. Salúdala con cariño, háblale bien, siéntete orgullosa. Estás aprendiendo a amarla.

Cuando experimentes los beneficios estéticos, de salud, autoestima y mejora del estado de ánimo derivados de todos estos pequeños cambios y de la pérdida de grasa en sí, te cambiará la manera de pensar; ya no buscarás esa motivación, sino que los propios cambios harán que no quieras volver a los antiguos hábitos.

Así que mi consejo es que interiorices lo que te haga sentir bien. Así no tendrás la sensación de estar en un proceso con un inicio y un final, sino de estar emprendiendo una nueva normalidad.

PEQUEÑAS ACCIONES PARA LLEVAR A CABO LA PÉRDIDA DE GRASA

El camino se hace paso a paso, y es mejor llevar a cabo pequeñas acciones diarias que plantearse grandes cambios. Los pequeños pasos te harán llegar adonde quieres disfrutando del camino. Por eso quiero proponerte algo muy práctico.

Al inicio de 2020, tiempo siempre de buenos propósitos, decidí intentar ayudar a todas aquellas personas que se hubieran propuesto perder grasa, pero no con grandes promesas de día 1 de enero, sino aportando cada domingo del año un pequeño consejo muy práctico, una llamada a la acción enfocada en optimizar la composición corporal y, en definitiva, la salud.

En este libro te propongo algo más sencillo: solo doce acciones. Puedes implementar una cada mes o, por ejemplo, una cada dos semanas, si te has propuesto un plan de acción de seis meses, pero es importante que figuren en tu plan de acción.

1. Escribe tu objetivo y plan de acción.

2. De beber, agua.

3. Camina una hora más al día, como mínimo, y usa siempre las escaleras.

4. Pon en la lista de la compra alimentos que requieran preparación.

5. Incluye verdura y proteínas en todas tus comidas.

6. Acompaña tus comidas con zanahorias en lugar de pan.

7. Cocina con Q.

8. Neutraliza las excusas.

9. Aceite de oliva virgen extra en su justa medida.

10. Haz entrenamientos de fuerza.

11. Siente y mírate, deja de pesarte.

12. Modifica tu entorno, simplifica.

Para llevar a cabo el plan de acción, te recomiendo que agendes día y hora para todas las acciones que lo precisen. Por ejemplo: subir escaleras es algo que vas a poder hacer a diario cuando salgas y entres de casa y, por lo tanto, no es necesario que lo incluyas en la planificación. Pero salir a caminar, el entrenamiento de fuerza, el día de carga, la hora de meditar, la hora de ir a hacer la compra de forma tranquila sí deben estar en calendario.

Te dejo un modelo de calendario para organizar un **plan de acción**.

Acción para implementar esta semana: beber solo agua, tanto en casa como fuera de casa.

	LUNES	MARTES	MIÉRCOLES	JUEVES	VIERNES	SÁBADO	DOMINGO
8 H.	Paseo en ayunas	Paseo en ayunas	Paseo en ayunas	Paseo en ayunas	Paseo en ayunas		Running
11 H.	Trabajo	Trabajo	Trabajo	Trabajo	Trabajo	Paseo al sol	Cocinar para la semana
14 H.	Comida	Comida	Comida	Comida	Comida	Comida	Comida
17 H.	Entrenamiento de fuerza	Entrenamiento de fuerza		Entrenamiento de fuerza	Entrenamiento de fuerza	Quedar con amigas	
19 H.			Yoga		Compra		
21 H.	Cena	Cena	Cena	Cena	Cena	Lectura	Cena
22 H.	Lectura	Lectura	Lectura	Lectura	Lectura	Salir a cenar	Lectura

Anota tus sensaciones del día.

Aunque soy una enamorada de las agendas de papel, te recomiendo usar un calendario virtual. Yo, en el mismo Google Calendar en el que agendo pacientes, programo mis horas de entrenamiento, clases de baile, mi día de limpieza del hogar, de hacer la compra, dejo huecos para comer, programo la hora a la que leo y dejo de usar aparatos electrónicos. Por ejemplo, mi celular me dice que toca leer a las 22:00, así que dejo el celular e inicio la lectura. Así somos conscientes de que tenemos que hacer esas tareas y no las «olvidamos», anteponemos otras o, sencillamente, seguimos trabajando. Si te has planificado dar un paseo matutino en ayunas, ponlo en tu agenda, hazme caso, yo lo hago.

Te animo a que, antes de aplicar cada semana o cada mes, una nueva acción de las que propongo a continuación, pienses en todo lo positivo que has conseguido en la vida, tus logros, las personas que te quieren y los placeres que ya tienes.

Y ahora, con una sonrisa, comenzamos. Recuerda, suma solo una acción cada semana o cada mes.

1. Escribe tu objetivo y plan de acción

Como hemos visto, definir bien nuestro objetivo es fundamental para mantener el rumbo.

Tanto como trazar un plan de acción. Porque un objetivo sin un plan no es más que un deseo, así que escríbelo, planifica, busca apoyo, valora y disfruta el proceso.

Usa el mismo cuaderno en el que has escrito sobre tu mejora de estilo de vida y escribe en él tu objetivo, por qué quieres llevarlo a cabo y cómo te vas a sentir cuando lo consigas.

¿Por qué es importante esta acción?

— Cuando escribimos y explicitamos nuestro objetivo de forma concreta y realista este queda más definido. Además, podremos leer cada día las buenas sensaciones que nos proporcionará.

— Sin planificación, es muy complicado llevar a cabo las acciones que te propongo, así que usa tu agenda física o virtual para apuntar día y hora en que vas a ir a comprar, cocinar, caminar, entrenar, meditar, hacer una comida libre, revisar tus acciones, irte a la cama, viajar, leer, etc.

— Una parte importante del plan consiste en buscar apoyo en tu comunidad. El ser humano necesita otros humanos. Explica tu objetivo a tu pareja, amigos, familiares y compañeros. Siente orgullo cuando digas «yo, agua», «yo subo por las escaleras», «esta tarde tengo gimnasio», «disculpe, mesero, yo con verdura en lugar de papas fritas», «no, gracias, de eso ya no como». También puedes encontrar apoyo en profesionales de la nutrición, del entrenamiento o la psicología. Como hemos visto, no se trata de cambiar únicamente tu dieta, sino tu mente y tu forma de enfrentarte a la vida.

2. De beber, agua

Esta es la primera acción que te propongo relacionada con la ingesta enfocada en perder grasa corporal y ganar salud. Es sencilla y agradable y, probablemente, la instaures para siempre. Esto no significa que no puedas beber otras cosas como disfrute, en mis recetas te propongo bebidas muy saludables, pero la base debe ser el agua.

Bebe un vaso de agua a pequeños sorbos al levantarte y antes de tus comidas. Cuando sientas hambre, pregúntate si realmente es así, porque a veces confundimos sed con hambre. Cuando bebas, toma conciencia del momento, disfruta de esos sorbos de agua. Durante la comida, bebe la que quieras, también cuando comas fuera de casa e incluso en salidas de ocio nocturno.

Por cierto, si pides agua en un bar, un *pub* o un restaurante, te la dan. No te miran raro. Lo llevo haciendo toda la vida y nunca me han echado del antro.

3. Camina como mínimo una hora más al día y usa siempre las escaleras

Seguro que ya conoces la recomendación de dar 10 000 pasos al día. Y es una buena recomendación si nuestro objetivo es estar saludables. Pero si lo que buscas es que tus caminatas te ayuden en la pérdida de grasa, te recomiendo sumar una hora más al día. El motivo es porque tu cuerpo ya se habrá adaptado a los pasos que estés dando, por eso hay que sumar.

Si te propusiera dar 8 000, 10 000 o 20 000, podría ser que ya estuvieras haciéndolos. Por eso lo que te propongo es que aumentes tu actividad, sea la que sea. De lo contrario, por muy saludable que sea lo que estés caminando ahora, no repercutirá en la reducción del porcentaje de grasa.

Si no tienes tiempo para hacer esto entre semana, acumula para el fin de semana. Planifica alguna ruta de montaña, pasea por la playa o, cuando tengas tiempo, pasea por los parques de tu cuidad.

En cuanto a las escaleras, te puede sonar a recomendación muy típica, pero te propongo que olvides completamente que existen los elevadores y las escaleras eléctricas. Sube las de tu edificio, en el trabajo, en el metro y todas las que encuentres por la ciudad, aunque lleves maleta o bolsas de la compra. Este gesto sencillo cuenta.

Además, de vez en cuando, cuando llegues a tu piso, en casa o en el trabajo, sube un par más. Si vives en el quinto, sube al séptimo (¡o todos los que puedas!) y vuelve a bajar. Quizá tu vecina piense que estás loca, pero ahí está parte de la diversión.

Quizá ya estás haciendo esto más o menos una de cada diez veces. Pero yo te propongo que se convierta en un hábito indiscutible. Si llevas carga (bolsas de la compra, maletín de trabajo o maleta), sube más lentamente si lo necesitas; si llevas tacones, porque vienes de una noche de baile, sube con calma; si llevas tenis, aumenta el ritmo y sube de dos en dos, pero el elevador no existe. Y si no encuentras las escaleras (ocurre a veces en hospitales y hoteles), ¡pregunta!

4. Lista de la compra. Compra alimentos que requieran preparación.

Crea un entorno alimentario en el cual lo más fácil sea comer de forma saludable. Para ello, es fundamental que no tengas en casa lo que no quieres comer y no te va a llevar a tu objetivo. Revisa el apartado «La compra» (p. 260)

5. Verdura y proteínas en todas tus comidas

Incluye verdura y proteínas en todas tus comidas, desde la primera del día. Antes de empezar a comer observa tu plato y revisa que contenga una cantidad suficiente de verdura, que debe ser la base del menú. Recuerda:

— En todos los platos tiene que haber algo verde, rojo (jitomate o pimiento) o naranja (zanahoria y calabaza).

— Cada día debes consumir entre medio y un kilo de verdura y hortalizas frescas en ensaladas y otras preparaciones.

— Cambia en tus platos los cereales (pasta, pan y arroz) por hortalizas y verduras. Esto te ayudará a perder grasa y a aumentar el valor nutricional del plato.

Las verduras (que incluyen todas las hortalizas) son el grupo de alimentos con más densidad nutricional, lo que significa que aportan muchos nutrientes y muy pocas calorías.

En un proceso de pérdida de grasa, se suelen cometer diferentes errores que merman nuestra salud. Uno de ellos es comer menos a toda costa, induciendo deficiencias nutricionales, pérdidas de masa magra y trastornos de la conducta alimentaria, entre otros. Por eso mi recomendación es incluir más raciones de este grupo de alimentos, cuanta más verdura mejor.

En cuanto a las proteínas, los alimentos que contienen este macronutriente en mayor proporción nos ayudan a estar más saciados, aportan nutrientes esenciales y contribuyen a reducir la merma de masa muscular durante un proceso de pérdida de grasa.

Mi recomendación es que varíes las fuentes de proteína, pero que sean siempre de calidad: huevos, pescado y carne (en lugar de derivados), legumbres y lácteos fermentados, como queso tierno o yogur natural. Utiliza también los frutos secos para incluir una pequeña ración de proteína fuera de casa.

En un proceso de pérdida de grasa es aún más importante (a la par que práctico) aumentar nuestra ingesta proteica. Es el macronutriente que más nos ayuda a sentir saciedad, junto con la fibra.

Antes de enloquecer calculando la proteína de tu menú y la que «necesitas», simplemente, mira tu plato y cuida que haya alimentos que aporten gran cantidad de proteína. El desayuno es el momento del día en el que más nos cuesta incluirla, por eso he insistido en la conveniencia de desayunar huevos, pero puede ser cualquier otra proteína animal o vegetal.

Mira tu plato en el desayuno, la comida y la cena: ¿hay verde? ¿Hay proteína?

6. Acompaña tus comidas con zanahorias en lugar de pan

Con esta acción busco que desplaces el consumo de pan. Pero no quiero que grabes mis consejos «en negativo». Por eso no te voy a decir que no consumas algo, sino que prefiero que pienses directamente en mis palitos de zanahoria, frescos y deliciosos, acompañando cada comida. Puede ser cualquier otra hortaliza: pepino, apio, pepinillos, manzana... El consumo actual de pan no ayuda a la pérdida de grasa, así que resta pan y suma zanahorias a cualquier hora.

Para mí, acompañar las comidas con palitos de zanahorias era lo normal en casa. De pequeña, cuando empecé a comer, yo era una de esas niñas que no comían, o simplemente comía poco y mis gustos estaban muy restringidos. A mi madre le resultaba más sencillo que comiera si ponía palitos de zanahoria como acompañamiento. Años después, en mis primeros años de consulta, cuando mis pacientes me comentaban que no podían comer sin pan, yo les sugería que comieran zanahorias, como hacía yo.

Los estudios nos dicen que el pan es uno de los alimentos más consumidos por la población española. Aporta muchas calorías a la dieta (porque se consume mucha cantidad), pocos nutrientes interesantes y, lo más preocupante si hablamos de pérdida de grasa, la mayoría de las personas comen más cuando hay pan como acompañamiento. En otros casos, simplemente, el pan desplaza alimentos más saludables.

Esto no significa que el pan sea el demonio y que debas eliminarlo para siempre. En consulta personalizo esta recomendación, porque tener algo de pan ayuda a muchas personas a desarrollar adherencia al plan. Mi recomendación, en cualquier caso, es que lo reduzcas. Tú decides.

Puede que te estés preguntando qué pasa con el integral. En muchas ocasiones esta característica no es más que una excusa para seguir comiendo pan en exceso. Mi consejo es que, si te gusta mucho, lo tomes de forma esporádica, no como base de tus platos, y compres uno de calidad. Pregunta en tu panadería más cercana si tienen alguno de grano entero y fermentación más lenta.

Otra opción es hacerlo en casa. Si tu objetivo es perder grasa, puedes hacerlo como algo especial, una vez al mes, por ejemplo. Los panes de granos enteros o de otros ingredientes, como el de mi receta de «Pan con Q», no son los panes a los que me refiero cuando hablo de eliminarlos o reducirlos en tu alimentación.

7. Cocina con Q

Cocinar con Q es cocinar de forma simple y deliciosa, práctica y saludable. Cocinar es un acto de amor hacia nosotros mismos y a aquellos para quienes cocinamos. Para no comer mal necesitamos cocinar bien. No hace falta ser un gran chef, eso es un arte. Solo hay que cocinar con amor.

Descubrir tu amor por la cocina se vuelve indispensable para que comer de manera saludable sea un hábito perdurable y, sobre todo, un disfrute. Cocinar con Q es cocinar de forma sencilla, combinando la practicidad y la eficiencia, con otros momentos de cocina más elaborada y primando siempre la calidad nutricional.

Estas doce acciones enfocadas a la pérdida de grasa son, en realidad, acciones saludables que vienen a ser un acto de autocuidado. Algunas son muy concretas para reducir el porcentaje de grasa corporal, pero la inmensa mayoría son buenos hábitos que instaurar para siempre, como este.

En una entrevista sobre mi relación con la cocina, mi amigo y cocinero Fernando Rodrigo me preguntó por mis valores. Yo respondí: salud, agradar a los demás y gratitud. Vimos que estos valores se alineaban con mi nueva pasión por la cocina.

Salud porque cocinar es fundamental para comer de forma saludable; agradar a los demás, porque es una forma de cuidarlos, y gratitud, porque es lo que siento por tener alimentos saludables, elegirlos y cocinarlos.

Cocinar no tiene que ser complejo. En tu día a día, combina las recetas sencillas con otras más elaboradas pensadas para el disfrute. Eso es cocinar con Q.

8. Neutraliza la excusa

Somos los dueños de nuestras acciones. Si anotaste tu objetivo y te propusiste llevar a cabo las acciones que te propongo, fuera los «es que». Sé responsable, constante y coherente con lo que quieres. Este será el motor que te ayude con tus propósitos y objetivos. Te propongo identificar cada día alguna frase que te dices para no llevar a cabo alguna acción que te hayas propuesto. Anota esa frase y a su lado, o debajo, otra para neutralizarla para que no pueda ser la excusa para no hacer lo que te has propuesto en la próxima situación parecida en la que te la digas. Todos nos decimos frases con las que justificamos no actuar como queremos, pero si las analizamos, podemos rectificar.

Identificar nuestras excusas no es tarea fácil, pero es fundamental para poder avanzar como queremos.

Después de definir nuestro objetivo hay que darle prioridad. Habrá cosas que estén bajo tu control y otras que no, preocúpate solo de las primeras.

Piensa, por ejemplo, en el confinamiento. Antes de experimentar por primera vez el no poder salir, decíamos que teníamos demasiada vida social y que no podíamos seguir un plan de pérdida de grasa. Pero muchos se dieron cuenta de que encerrados en casa tampoco podían. La excusa de las comidas fuera de casa se convirtió en la compra de productos poco recomendables o en la elaboración de panes y repostería. Había quien decía que no tenía tiempo para cocinar comida saludable, pero cuando lo ha tenido tampoco ha planificado siempre buenos menús. El no tener tiempo para entrenar se convirtió en el no tengo material y el no puedo salir de casa a correr, que es lo que me gusta, se convirtió después en el con cubrebocas no puedo y me da calor o en el para dar un paseo yo no madrugo.

Perder grasa es un proceso largo y costoso, pero eso tampoco puede convertirse en una excusa, por eso te propongo estos pequeños gestos, para que no lo sea.

¿Has identificado alguna excusa en la que quieras trabajar?

9. Aceite de oliva virgen extra en su medida

Haz que el aceite de oliva virgen extra se convierta en la grasa principal de tu dieta. Es un producto que se encuentra fácilmente sin refinar y con sus propiedades saludables, es económico y local en España (si estás fuera, combina su uso con el de coco virgen o mantequilla, que también puede ser saludable, pero evita en cualquier caso la margarina).

No te recomiendo otros aceites vegetales. Tanto en un proceso de pérdida de grasa como en una dieta saludable al uso, te recomiendo que la parte de las grasas proceda principalmente del aceite de oliva virgen extra. Bien usado, sus beneficios para la salud han quedado demostrados en múltiples estudios.

A pesar de ello, veo que muchas personas usan otros aceites vegetales para cocinar o incluso aceite de oliva, que contiene refinado. Elige el virgen, tanto para cocinar como para aderezar.

Sin embargo, el uso que hagas es crucial. El aceite de oliva virgen extra es el alimento saludable que recomiendo que más calorías sumará a tu menú, por lo tanto, para aprovechar sus beneficios y disfrutarlo, la clave es controlar la cantidad, consumirlo con medida.

Una cifra que puedes recordar es usar máximo 20 ml (2 o 3 cucharadas soperas) en comida y cena, es decir, 40 ml al día. Puedes pasar una parte de esa cantidad al desayuno y, además, dependerá de las preparaciones del día, por lo que habrá días que usarás un poco más o un poco menos. Pero esa cantidad te ayudará en la pérdida de grasa y te permitirá gozar de los beneficios de ese oro líquido.

10. Entrena fuerza

Para reducir el porcentaje de grasa, sentirte como nunca, mejorar tu estética, pero, sobre todo, ganar salud es fundamental que entrenes fuerza, no te saltes este punto. Puedes empezar con tu propio peso corporal, con ligas o TRX. Para evolucionar, las pesas pueden ser tus aliadas. Disfruta de la ayuda de un profesional para una mejor optimización.

Ya hemos visto las innumerables ventajas de entrenar fuerza durante un proceso de pérdida de grasa (p. 89). Seguramente la más destacada es que el ambiente hormonal que induce el propio entrenamiento de fuerza favorece que el proceso se dé correctamente y, por supuesto, nos vemos mejor y, ¡nos sentimos como nunca!

11. Siente y mírate, deja de pesarte

Medir el progreso y basar el éxito únicamente en la báscula suele ser un error e induce a veces a la frustración. Repasa tus acciones y súmalas. Los cambios externos serán consecuencia de los internos.

Centrar tu progreso únicamente en el número de la báscula podría estropearlo todo al hacerte pensar que las acciones enfocadas a la pérdida de grasa que implementas no tienen valor porque el resultado de la báscula no es el que esperabas, a pesar de que te sientes mejor y percibes incluso cambios a simple vista.

Por otro lado, muchas personas sedentarias que pierden peso con dietas extremas de unas semanas asocian eso al éxito. A pesar de que esas dietas sean perjudiciales para la salud física y mental y se vean peor porque han perdido masa muscular, la bajada en el número de la báscula las ciega.

En personas con obesidad, el peso es un indicador más para tener en cuenta, pero no es un predictor de éxito a largo plazo.

Si tu objetivo es perder grasa, te voy a enseñar una forma mejor de medir el éxito: haz una lista con las acciones que estás llevando a cabo y valora tu seguimiento del 1 al 10.

En cuanto a la mejora estética, paciencia, sigue avanzando en tus buenos hábitos: todo son ventajas.

12. Modifica tu entorno, simplifica

Para mí, el minimalismo no significa vivir sin cosas, sino que las cosas que poseamos, así como las acciones que hagamos, tengan sentido, sean prácticas y tengan mucho valor en nuestra vida en sí misma. No significa vivir «sin», significa vivir con lo necesario. Evita que las cosas materiales, las personas, las acciones, las emociones, te roben energía, quédate con lo que sume.

Aplicado a la alimentación, el minimalismo puede ser de lo más práctico y efectivo para ayudarte en tu objetivo de pérdida de grasa. El motivo es que la variedad, al aumentar la cantidad de estímulos, puede hacer que comas en exceso. Si eliges un solo tipo de alimento, tu interés por él disminuye. Además, la combinación de muchos ingredientes aumenta la palatabilidad. Esto es positivo en las recetas, porque potencia los sabores y el disfrute, pero si simplificas tus platos cuando tengas un objetivo de pérdida de grasa, habrá más posibilidades de ingerir menos comida y generar un déficit calórico.

REFLEXIONA Y REPASA
LAS DOCE ACCIONES SALUDABLES

Si implementas estas pequeñas acciones, habrás conseguido generar un déficit calórico comiendo mejor, aumentando tu actividad, incluyendo ejercicio físico o quizá comenzando a hacer algún deporte, descansando mejor, cuidando tu estado emocional, apreciando lo que tienes y relacionándote mejor contigo y con el mundo. Son pequeños pasos y, si aplicas uno al mes, irás por buen camino.

Ponte un objetivo y dale espacio, hazlo durar, escucha, para, siente; existe una manera de no sufrir en el infierno que el hombre fabrica. Crea con pequeños hábitos otra manera de vivir en el mundo, de hacerte bien a ti, a todos.

¿Cuántas pequeñas acciones has hecho hoy que te acercan a ello?

A lo largo de cada día, para, mira tu entorno, respira lentamente un minuto, presta atención, cuídate, agradece, sé feliz.

AGRADECIMIENTOS

A mis padres. A mi madre, por todo lo contado, y lo que no cabe en estas páginas; a mi padre por confiar siempre en mí, por acompañarme, ayudarme y valorarme sin dejar de ser exigente. Por ser un ejemplo de que el esfuerzo, el trabajo y el buen hacer deben llevarse a cabo con una sonrisa; por su generosidad, optimismo y actitud envidiable ante los problemas; por haberme hecho heredar su carácter sociable y emprendedor. Gracias, papá, por las risas que nos provocas en los buenos y en los malos momentos, por tus abrazos. Por tus recetas. Gracias a ambos por regalarme a Manu. Gracias, Manu, por ser mi consejero siempre, mi amigo, mi cómplice y el mejor hermano del mundo.

Gracias a mi familia. A mis tíos, primas y primos mayores: Fran, Miriam, Torri, Carmen (con ella se iniciaron los viernes de pizza cuando me tenía que subir al taburete para llegar a la encimera); Sebas y Miguel, grandes cocineros, cada uno en su estilo, y a mi prima Paloma, por ser como una hermana.

A mi tía Carmen, por hacer de abuela; a mi tía Ascen, por hacer de segunda mamá y por enseñarme también las ventajas de vivir de forma saludable, con una vida activa, y mostrarme que, si uno sueña con vivir cerca del mar, lo consigue. A mi tío Paco, por sus arroces de domingo y por ser también imagen del amor por el deporte; a mi tío Juan Ignacio, por inspirarme y enseñarme que uno puede inventar las recetas; y que poner muchas especias suele ir bien.

Gracias a mis profesores de la universidad y del instituto, pero, sobre todo, a mi seño Piedad y mi seño Lola por ayudarme ambas en los momentos más difíciles de mi infancia, por valorarme, animarme a aprender y hacer del cole los años más divertidos; por felicitarme por el buen hacer, que me ayudó a creer en mí.

Gracias a mis «calamares», mis amigas de siempre, mujeres fuertes, por su inspiración y cariño.

Gracias a mis editoras: a Elisabet, por creer en este proyecto juntas y valorar mi trabajo; a Berta, por mimar tanto mi libro y atender a todas mis peticiones. A ambas, por guiarme en esta aventura.

Gracias a mis compañeros de profesión y a los grandes divulgadores en materia de nutrición, entrenamiento y salud, por ser mi inspiración y hacer tanto bien al mundo; de ellos he aprendido casi todo lo que tiene valor hoy en estos campos.

BIBLIOGRAFÍA

LECTURAS RECOMENDADAS

— Campillo Álvarez, José Enrique, *El mono obeso. La evolución humana y las enfermedades de la opulencia*, Barcelona, Crítica, 2010.

— Cañellas, Xavi y Jesús Sanchís, *Niños sanos, adultos sanos: La salud empieza a programarse en el embarazo*, Barcelona, Plataforma, 2016.

— Díez, Vanessa, *Dieta paleo moderna*, Córdoba, Arcopress, 2017.

— Domínguez Herrera, Raúl, Antonio Jesús Sánchez Oliver y Fernando Mata Ordóñez, *Nutrición deportiva aplicada. Guía para optimizar el rendimiento*, Málaga, ICB, 2017.

— Fernández, Airam, *El libro del método Paleo: 100 días para salvar tu vida*, Madrid, Aguilar, 2020.

— Galancho, Ismael, *Réquiem por una pirámide*, Círculo Rojo, 2020.

— Gómez, Virginia, *Dietista enfurecida: Claves sobre alimentación para que no te dejes engañar*, Barcelona, Zenith, 2020.

— Harari, Yuva Noah, *Sapiens. De animales a dioses*, Barcelona, Debate, 2015.

— Lindeberg, Staffan, *Food and Western Disease*, Hoboken, Wiley-Blackwell, 2010.

— Lozada, Victoria y Carlos Moratilla, *Por qué comes como comes*, Barcelona, Plataforma, 2020.

— Ríos, Carlos, *Come comida real*, Barcelona, Paidós, 2019.

— Rodrigo, Fernando, *82 recetas saludables: Recetas libres de gluten, lácteos y azúcares añadidos*, 2020.

— Ruiz, Miriam, *Alimenta tu salud con comida real: Una guía práctica para nutrir tu cuerpo sin procesados*, Barcelona, Aguilar, 2020.

— Sánchez, Roberto, *Camina, salta, baila: Muévete más y vive mejor*, Barcelona, Plataforma, 2020.

— Vázquez, Marcos, *Fitness revolucionario. Lecciones ancestrales para una salud salvaje*, Madrid, Oberon, 2018.

BIBLIOGRAFÍA CONSULTADA

— Abboud, G. B. K. Greer, S. C. Campbell y L. B. Panton, «Effects of load-volume on EPOC after acute bouts of resistance training in resistance-trained men», *Journal of Strength and Conditioning Research*, 2013, vol. 27, n.º 7, págs. 1936-1941.

— Atwell, W. A., L. F. Hood, D. R. Lineback, E. Varriano-Marston y H. F. Zobel, «La terminología y metodología asociadas con los fenómenos básicos del almidón», *Cereal Foods World*, 1988, vol. 33, n.º 3, págs. 306-311.

— Bahr, R. I. Ingnes, O, Vaage, O. M. Sejersted y E. A. Newsholme, «Effect of duration of exercise on excess post-exercise oxygen consumption», *Journal of Applied Physiology*, 1987, vol. 62, n.º 2, págs. 485-490.

— Bahr, R. y O. M. Sejersted, «Effect of intensity of exercise on excess post-exercise oxygen consumption», *Metabolism*, 1991, vol. 40, n.º 8, págs. 836-841.

— Boison, D., «New insights into the mechanisms of the ketogenic diet», Current *Opinion in Neurology*, 2017, vol. 2, págs. 187-192.

— Borsheim, E. y R. Bahr, «Effect of exercise intensity, duration and mode on post-exercise oxygen consumption», *Sports Medicine*, 2013, vol. 33, n.º 14, págs. 1037-1060.

— Burke, L. M., «Nuevo Análisis de las Dietas Altas en Grasas para el Rendimiento Deportivo: ¿Pusimos el "Último Clavo en el Ataúd" demasiado Pronto?», *Sports Medicine*, 2015, vol. 45, págs. 33-49.

— Bury, R. G., «The Ethics of Plato», *The International Journal of Ethics*, 1910, vol. 20, págs. 271-281.

— Dillon, J., *The Heirs of Plato: A Study of the Old Academy*, Oxford, Oxford University Press, 2003.

— González Badillo, J. J. y E. Gorostiaga, *Fundamentos del entrenamiento de la fuerza*, Barcelona, Inde, 1995.

— Gore, C. J. y R. T. Withers, «The effect of exercise intensity and duration on the oxygen deficit and excess post-exercise oxygen consumption», *European Journal of Applied Physiology and Occupational Physiology*, 1990, vol. 60, n.º 3, págs. 169-174.

— Harvard School of Public Health, *El plato para comer saludable*. Disponible en <www.hsph.harvard.edu/nutritionsource/healthy-eating-plate/translations/spanish/>.

— Harvie, M. N. y M. Pegington, «The effects of intermittent or continuous energy restriction on weight loss and metabolic disease risk markers: a randomized trial in young overweight women», *International Journal of Obesity*, 2011, vol. 35, n.º 5, págs. 714-727.

— Leidy H. J. L., C. Ortinau, S. M. Douglas y H. A. Hoertel, «Beneficial effects of a high-er-protein breakfast on the appetitive, hormonal, and neural signals controlling ener-gy intake regulation in overweight/obese, "breakfast-skipping" late-adolescent girls». *Journal of the American College of Nutrition*, 2013, vol. 94, n.º 4, págs. 677-688.

— Maehlum, S., M. Grandmontagne, E. A. Newsholme y O. M. Sejersted, «Magnitude and duration of excess post exercise oxygen consumption in healthy young subjects», *Metabolism*, 1986, vol. 35, n.º 5, págs. 425-429.

— Matveev, L., *Fundamentos del entrenamiento deportivo*, Moscú, Ráduga, 1992.

— Norton, C., C, Toomey y W. G. McCormack, «Protein Supplementation at Breakfast and Lunch for 24 Weeks beyond Habitual Intakes Increases Whole-Body Lean Tissue Mass in Healthy Older Adults», *Journal of Nutrition*, 2016, vol. 146, n.º 1, págs. 65-69.

— Organización Mundial de la Salud, *Nutrición*. Disponible en <www.who.int/topics/nutrition/es/#targetText=Nutrici%C3%B3n&targetText=La%20nutrici%C3%B3n%20es%20la%20ingesta,fundamental%20de%20la%20buena%20salud>.

— Pérez Caballero, C. *Metodología y valoración del entrenamiento de la fuerza*, Murcia, Universidad de Murcia, 2003.

— Phelian, J. F., E. Reinke, M. A. Harris y C. L. Melby, «Post-exercise energy expenditure and substrate oxidation in young women resulting from exercise bouts of different intensity», *Journal of the American College of Nutrition*, 1997, vol. 16, n.º 2, págs. 140-146.

— Porta, J., «Las capacidades físicas básicas», en Barbany, J. R., *Programas y conteni-dos de la educación físico-deportiva en BUP y FP*, Barcelona, Paidotribo, 1988.

— Reale, G., *Toward a New Interpretation of Plato*, Washington, DC, CUA Press, 1997.

— Rowe, C., «Interpreting Plato», dentro de Benson, Hugh H., *A Companion to Plato*, Haboken, Blackwell Publishing, 2006.

— Soeters, M. R., «Intermittent fasting does not affect whole-body glucose, lipid, or protein metabolism», *American Journal of Clinical Nutrition*, 2009, vol. 90, n.º 5, págs. 1244-1251.

— Vander Wal, J. S., J. M. Marth, P. Khosla, K. L. Jen y N. V. Dhurandhar, «Short-term effect of eggs on satiety in overweight and obese subjects», *Journal of the American College of Nutrition*, 2005, vol. 24, n.º 6, págs. 510-515.

— Vella, C. A. y L. Kravitz, «Exercise After-Burn: A Research Update», *IDEA Fitness Jour-nal*, 2004, vol. 1, n.º 5, págs. 42-47.

— Welton, S., R. Minty, T. O'Driscoll, H. Willms, D. Poirier, S. Madden y L. Kelly, «Ayu-no intermitente y pérdida de peso: revisión sistemática», *Canadian Family Physician*, 2020, vol. 66, n.º 2, págs. 117-125.

ÍNDICE DE RECETAS

ÍNDICE ALFABÉTICO DE RECETAS